风水

汇集中国历代大师、风水典籍的实用风水精华

蕭溪范氏祖地

九峰呈秀

金華大溪水

塔

暉 暉

田

蕭溪縣洽

范氏祖地

司南

罗盘
经天纬地的罗盘是堪舆风水的必备工具

玄空地理滇南派范宜宾代表作

先识穿山虎、方行透地龙、浑天开宝照、金水月相逢

图注 地理乾坤法窍

传统数术名家精粹

【一叶知秋、一针见血、胸罗千载、面转乾坤】

（清）范宜宾◎著

杨金国◎点校

刘保同◎主编

巨门土：星头方正而身平者是也，土星厚重，其形端正，星辰尊重，造化完全，故为最贵。结穴有窝、钳、乳、突之形，方为真结。但窝穴要窝中圆净，弦棱明白；钳穴要钳中藏聚，两掬弯环；乳穴要圈中舒畅，乳上光圆；突穴要突面光圆，形体颖异。龙合上格者，官至王侯、宰辅，下格者出达官、巨富。

内蒙古人民出版社

图书在版编目（CIP）数据

地理乾坤法窍/（清）范宜宾著. –呼和浩特：内
蒙古人民出版社，2010.5（2022.1 重印）
（传统数术名家精粹/刘保同主编）
ISBN 978-7-204-10496-3

Ⅰ.①地… Ⅱ.①范… Ⅲ.①地理–风水–
研究–中国–古代 Ⅳ.①B992.4

中国版本图书馆 CIP 数据核字（2010）第 090330 号

传统数术名家精粹

地理乾坤法窍

（清）范宜宾 著

责任编辑	王继雄
封面设计	宋双成
出版发行	内蒙古人民出版社
地 址	呼和浩特市新城区中山东路 8 号波士名人国际 B 座 5 层
印 刷	呼和浩特市圣堂彩印有限责任公司
开 本	710×1000 1/16
印 张	16
字 数	220 千字
版 次	2010 年 12 月第 1 版
印 次	2022 年 1 月第 5 次印刷
书 号	ISBN 978-7-204-10496-3
定 价	29.80 元

如出现印装质量问题，请与我社联系。
联系电话：(0471)3946120

出版前言

五千年的文化长河中，有一支渊源流长，而且历代备受推崇，充满神秘色彩的术数文化，一直是中华传统国学文化的重要组成部分。在我国历史的社会生活中占有很重要的位置，对中华民族的和谐发展有着不可磨灭的贡献，它所包含的内容体系博大精深，大至宇宙天地，小至一草一木，上至治国安邦，下至百姓生活。

术数"，亦称"数术"，是中国古人用华夏民族特有的思维方式和符号体系（阴阳，五行，八卦，九宫，天干，地支）来探究自然的一种学术，从广义来说，包括天文、历法、地理、中医、数学等自然科学；从狭义来说，主要是预测吉凶的方法，如卦理、地理、命理、相理等预测学。

术数是中国古代哲学的发源地，以易经八卦阴阳五行的生克制化为主要理论，来推测自然、社会、人事的吉凶休咎，属于《周易》研究范畴的一大主流支派，其理深奥莫测，其义博大精深。但中国术数界的现状，却使大家感到神秘而不可知。自古至今，术数研究者络绎不绝，现代科学发达，却还是不能用科学的方法取而代之。甚至，无法用科学的方法对之加以有力的批判，或者合理解释。单纯而武断地将所有的术数同封建迷信、文化糟粕划上等号，却拿不出什么理论依据，似乎总让人有些难以信服。在这我就谈谈对术数的一点认识。

人类经过千百万年的发展，现在已经进入了信息时代。计算机莫过于这个时代人类最有力的工具，可是有多少人知道，莱布

中国传统术数总集 第一辑

尼茨是根据中国古老的术数，周易的计算方法，发明了计算机最基本的计算方法"二进制"，但我们现在的术数，居然要引用一个外国科学家的名字，来说明其存在的科学性，实在令人不能不说是一种悲哀，一种无奈！

天人合一，阴阳调和，人与自然的和谐相处，这是中国术数的理论核心，尤其在术数的风水学上可谓发挥得淋漓尽致。风水作为中国独有的，以天人合一阴阳调和为核心的哲学思想产物，是祖先由实践积累起来的经验，所形成的人居环境选择优化的实用方法，而这也正是中国几千年来思想沉淀的精髓，我们要传承的部分。术数应用于人与事，可以趋吉避凶，在某些特定的条件下达到了一种不可思议的准确度。术数是一门实用学，一门经验学，取之于经验，用之于实践，具有独特的作用，在某些方面甚至是不能代替和超越的。从而达到优化自然，改造环境（如风水等），提升自我，完善人生（如相理、命理等），造福家庭，和谐社会，探索和了解现有存在现象的未知领域，甚至还可以开启科学未知之门。

中国术数来源于易经，是易经的延伸与实践，而易经是中华文化的根源，是中国古人的智慧结晶，同样也是中国人民的骄傲。大家都知道易经包含了"简易，变易，不易"三重含义。这个"简易"并不是简单易行的意思，而是指将宇宙间最复杂的变化归纳成最简易的方式进行表达描述。"变易"是告诉大家万物只要生成则没有一成不变的道理，而其变化的规律就是八卦所要揭示的秘密。"不易"是说在这些变化的背后还有个不变的东西，中国传统文化中常称之为"道"。这三重含义揭示了万事万物的变化原理，人类的命运当然也是其中之一，而人们往往只关心自身却忽略了周围的一切。其实，这些都是传统术数文化中的精髓部分，并不是什么玄之又玄的学问，更不是什么迷信，而是五千年中华文化的继承。

我们肯定术数在人类生存发展过程中的积极作用，但也不可对术数的作用无限地夸大，并掺杂个人功利目的。中国传统文化

日渐式微，而术数作为一种倍受争议的学术更是沦为边沿学科，作为中华民族的子孙，我们每个人都有责任去了解它，学习它，发扬它。继承与发展体现它适应时代、和谐社会、福惠万民的人文特色。对于占卜、算命、相人等古老的人文生活现象，我们应抱着研究的态度去看待它时，不能以封建愚昧甚至是迷信一概论之。存在的就是有道理的。中国古老的术数文化行走千年，肯定也有他存在的道理，就像我们不应在倒洗澡水时，把澡盆中的孩子也一起倒掉。只要能从中挖掘出祖先留给我们的经验，找出适应我们当今生活的规律，且能以正确的方法给予具体的指导，那就说明我们从中国传统的术数文化中，找到了它和谐于我们生活的大吉祥、大美好，大智慧。

回首我与中国传统术数文化的缘分，回想我走上术数研究、应用的人生道路，感慨万千。让古老的术数文化福佑天下百姓，福惠千家万户，造福子孙后代的心愿时时在我的心中生荡漾，产生了我人生为之而奋斗的精神力量。传承和发展，任重而道远，路漫漫其修远兮，吾将上下而追寻。感念我数十年生根于心中的这个愿望，也正是这个愿望陪伴着我走过坎坷，走向辉煌。也由于这种愿望，我和我的同仁们在学习、研究中完成了这套书的的点校编写工作。由于世间仓促和本人水平所限，在成书之际，难免会存在一些问题，在此，欢迎各界朋友和业界同仁望能及时反馈联系，以利再版修订完善，在此表示感谢。愿博大精深的中国术数，能够为你带来吉祥；愿国学经典术数著作，为你打开新的人生之门！

中国传统术数总集 第一辑

果亲王序

粤稽地学，黄帝始造，周公继述，尽具《周易》之中。虽管、郭、杨、曾代异人殊，但其地学之妙，皆同出一途，最为彰彰表著也。而后世之学习地理者，率多以讹传讹，失其正道也。如唐朝杨筠松所著《青囊奥语》《天玉经》诸书，是根本的玄空大卦五行，是天合地合人合三卦九宫之挨星，而近今术士，反以唐朝一行僧之八卦翻星长生三合等法，直曰为杨筠松所传，奉为金科玉律。嗟呼！斯道之谬以误为者，皆无学术士之矫枉过正耶。要知杨筠松之地理之学，出自河洛先天后天老少阴阳之奥秘，即黄帝尧舜执两用中之道，较一行僧之三合，天地人汇合为用，使老少之阴阳混杂，名为《灭蛮经》者，大有径庭之分矣。

以此观之，安可以一行僧之洒，妄注其《天玉经》等篇乎？今阅《乾坤法窍》一书，是以古本、旧文、正本之窜改，发明杨公玄空大卦五行之妙用，至精至微，理正法明，尽泄河洛阴阳之奥密。直指驳谬用一行僧八卦翻星长生三合之误，丝毫毕露，越见术士支离拘牵之妄也。试持此书审辨八方，顺天地之气，施阴阳之用，吉则吉，凶则凶，自无茫乎不知畔岸之虞矣。范公宜宾者，与余为内戚，得阅此书，深叹术士之误人，力劝其刊刻，公之于世，此不单独表证地学之伪，实不足以救世人之患也，故为序。

时乾隆二十五年九月重阳日果亲王书

自　序

　　夫地理之学，启自黄帝造指南车，其后公刘迁幽州，周公卜洛邑，及子贡孔林之作，皆相阴阳而观流泉，仰观圣贤地道之用，虽始流露一端，而究未之显言也。秦末汉初，黄石公授赤松子之《青囊经》出，其词幽微，尤未彰明。至晋郭璞，因《青囊经》以著《葬书》，则地学始明于后世。

　　迨晋末五胡乱华之际，虽有明此道者，仍属寥寥，至唐朝邱延翰公传罗经之用，更为表白矣。但此只有正脉相传，得传者不过数人，其不得传者，不知其中窍妙，乃臆度乱拟乱猜，颠倒阴阳，变乱五行，惑世害民也。故杨筠松公著《青囊奥语》、《天玉经》、《都天宝照经》、《撼龙疑龙经》等，曾求已著《青囊序》，皆以明正道，辨讹谬也。而此等正经，近被江湖术士用伪法作解，其不能注解之处，反将字句增删窜改，尽失真经中之奥义，更汇集伪法，造以成书，如《地理大全》、《山法全书》、《地理原真》、《玉尺经》、《琢玉斧》之类是矣，转相延习，几遍宇内，为祸日炽。

　　蒋大鸿公虽有《地理辨正》一书，而未将罗经之用大申明，故人仍依其识讹传讹也。无如近今，则伪中更有伪矣。像如今之杀鸡点穴，立标竿、筑土基、埋木牌、做土笼，以及造山挖河，种种不依据经理之伪用，不过是拐钱骗银之张本，全非圣贤之正道也。故余将双山、三合、黄泉八煞、倒杖喝形、游年翻卦、大小玄空、四经法范、长生纳甲、干支阴阳等，复为申说其谬误。但余之所说辨伪者，何敢妄自尊大，皆尊杨、曾、蒋三公所言，讹谬者，

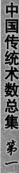

中国传统术数总集　第一辑

不过再为申明之意尔。且此伪法，杨、曾诸经已曾驳论于前也。

余今得嵩山先生所授《天玉经》诸篇，皆是古本，较市本诚有天壤之殊，真诀毕现，伪法昭然，汇为天册；《疑龙撼龙》二经，依余所藏古本，兼驳释市本之讹，录为地册；所著之罗经精解，皆《天玉经》诸经之奥用，定为人册。书虽三卷，但有彼此之相需，表里之为用，缺一不可，故总其名曰《地理乾坤法窍》。但此书之作，上以求明杨公之真旨，中以求表伪法之祸人，下以求开后进之归宗，并非要名，乃大道为公，一片救世之愚衷也，观者谅诸。

时乾隆二十三年戊寅仲冬长至日范宜宾寅旭氏识

中国传统术数总集 第一辑

目 录

上卷 天册 地学正经 ……………………………… 1

青囊经 ………………………………………… 2

青囊经上卷 …………………………………… 3

青囊经中卷 …………………………………… 7

青囊经下卷 …………………………………… 10

《葬书》辩证 ………………………………… 13

葬 书 ………………………………………… 14

青囊奥语 ……………………………………… 27

天玉经 ………………………………………… 29

内传上 ………………………………………… 29

内传中 ………………………………………… 31

内传下 ………………………………………… 33

都天宝照经 …………………………………… 36

上 篇 ………………………………………… 36

中 篇 ………………………………………… 39

下 篇 ………………………………………… 42

青囊序 ………………………………………… 46

天元五歌 ……………………………………… 50

第一、歌论大义 ……………………………… 50

第二、山龙篇 ………………………………… 52

第三、水龙篇 ………………………………… 57

第四、阳宅篇 ………………………………… 61

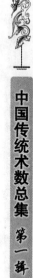

中国传统术数总集 第一辑

第五、造命篇 ·································· 64

地理归厚禄 ·································· 67

化气章 ······································· 67

分用章 ······································· 69

枝干章 ······································· 71

辨象章 ······································· 73

胎息章 ······································· 74

乘龙章 ······································· 75

驭极章 ······································· 77

局气章 ······································· 78

星符章 ······································· 80

定卦章 ······································· 83

审运章 ······································· 86

来情章 ······································· 87

巨浸章 ······································· 89

原湿章 ······································· 91

茔兆章 ······································· 92

附葬章 ······································· 93

还元章 ······································· 95

阳基章 ······································· 96

玄空正运经（此为作者的传心之作）·············· 98

地学正经后记 ································ 101

中卷　地册　龙经辨正 ················· 103

《龙经辨正》自序 ······················· 104

撼龙经 ······································ 106

统论篇 ······································ 106

垣局篇 ······································ 109

疑龙经 ······································ 160

疑龙经上卷　寻龙 ················· 160

疑龙经中卷　辨龙 ················· 168

疑龙经下卷　认穴 ················· 175

疑龙经辨伪　补助 ················· 182

疑龙经十问 ····················· 183

疑龙经卫龙篇 ··················· 187

疑龙经变星篇 ··················· 189

《疑龙经》后总序 ················ 191

下卷　人册　罗经精解 ················· 193

罗经正伪说 ····················· 194

阴阳同行图 ····················· 197

针说 ························ 198

先天八卦说 ····················· 200

九星二十四山阴阳说 ··············· 202

杨公用盘说 ····················· 204

七十二穿山虎说 ················· 208

起甲子阳局（顺六义逆三奇） ········· 211

起甲子阴局（逆六义顺三奇） ········· 211

穿山宿起法（用于穴中） ············ 212

求卦法（用于穴中从龙上求卦） ········ 212

求子父财官法 ··················· 213

求四吉法 ····················· 213

附起贵人歌 ····················· 213

求三奇 ························ 214

求八门 ························ 214

八卦内外纳甲干支 ················ 215

起六神 ························ 216

八卦六十四卦名 ················· 216

中国传统术数总集　第一辑

附：安世应歌 ……………………………………… 220

透地六十龙说 …………………………………… 223

二十四节真太阳说 ………………………………… 224

求用太阳 …………………………………………… 225

盘中应避并吉凶三百六十五度说 ……………… 226

五行说 ……………………………………………… 226

用针说 ……………………………………………… 226

历伯韶诀曰 ………………………………………… 227

陈彦绎诀 …………………………………………… 228

咏罗经 ……………………………………………… 229

辨禄马贵人说 ……………………………………… 229

辨地支十二位 ……………………………………… 230

辨平分六十龙 ……………………………………… 230

辨赖盘 ……………………………………………… 231

辨言土色深浅 ……………………………………… 231

辨地师用水害人 …………………………………… 233

八方三元气运旺衰定局 …………………………… 233

理三元运气说(阳宅用) …………………………… 234

求元运诀歌 ………………………………………… 235

三元九宫分运 ……………………………………… 236

主运流年九星加临吉凶歌 ………………………… 236

选择说 ……………………………………………… 237

杨公克择秘诀 ……………………………………… 238

造葬看亡人落圹之年月日时之五星诀法 ……… 239

戊己都天煞应避说 ………………………………… 239

乾坤法窍后总序 …………………………………… 241

上 卷

天 册

地 学 正 经

青囊经

黄石公 著

　　中华传统文化中，风水文化是不可缺少的一页。古之先贤，已劳心竭力，遗留下不少丰富多彩的经典文章。由于文词隐秘，用意精审，常人很难悟其中的奥妙，的确又给读者留下了无限想象的思维空间，令人趣读不已，兴味无穷！

　　风水之书，汗牛充栋，黄石公（据传黄石公是秦末汉初的五大隐士之一，汉初三杰之一张良的老师，）著《青囊经》上中下三卷，全文仅四百一十字，博大精深、简洁明快、直言学理，而又不故弄玄虚。郭璞得之，洞其理撰写《葬书》，而常引用其文；杨筠松得之，而有《青囊奥语》、《天玉经》之著；曾文迪《青囊序》亦是阐发其文；蒋大鸿代表之作《地理辨正》，将《青囊经》列为"首经"。可见此书为堪舆典籍中的精华，含金量之高。

青囊经上卷

　　经曰：天尊地卑，阳奇阴偶，一六共宗，二七同道，三八为朋，四九为友，五十同途，阖辟奇偶，五兆生成，流行终始。八体弘布，子母分施，天地定位，山泽通气，雷风相薄，水火不相射。中五立极，临制四方，背一面九，三七居旁，二八四六，纵横纪纲。阳以相阴，阴以含阳，阳生于阴，柔生始刚，阴德宏济，阳德顺昌。是故阳本阴，阴育阳，天依形，地附气，此之谓化始。

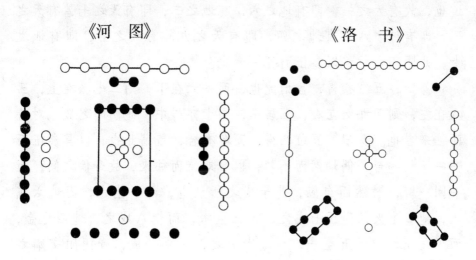

《河　图》　　　　　　　　《洛　书》

【蒋注】

　　此篇以无形之气，为天地之始，而推原道之所从来也，夫阳气属天，而实兆于地之中，圣人作易，以明天地之道，皆言阴阳之互为其根而已，天高而尊，地下而卑，然尊者有下济之德，卑者有上行之义，一阴一阳，一奇一偶，其数参伍，所以齐一，其形对待，所以往来，天地之匡廓，由此而成，四时之代谢，由此而运，万物之化育，由此而胚，夫此阴阳奇偶之道，随举一物，无不有之，天地无心，圣人无意，自然流露，而颗其象于河图，遂有一六共宗，二七同道，三八为朋，四九为友，五十同途之象，圣人因其象而求其义，以奇者属阳，有天一天三天五天七天九之名，以偶者为阴，而有地二地四地六地八地十之名，盖因有一必有二，有三必有四，有五必有六，有七必有六，有七必有八，有九必有十，所谓参伍之数也，此一彼二，此三彼四，此五彼六，此七彼八，此九彼十，此所谓对待之形也，天数与地数各得其五，此所谓一成之数，而百千万亿无穷之数，由此而推之也，天数地数，各得其五，合二五而成十，盖因有五即有十，犹有一即有二，阴阳自然之道也，故有天之一，即有地之六，有地之二，即有天之七，有天之三，即有地之八，有地之四，即有天之九，有天之五，即有地之十，此阴阳之数，以参伍而齐一者也。

易曰，五位相得，盖谓此也，而一六在下，则二七必在上，三八在左，则四九必在右，五居中，则十亦居中，此阴阳之数，对待而往来者也。易曰，五位相得，而各有合，盖谓此也，以其参伍而齐一，故一奇一偶灿然而不棼，以其对待而往来，故奇偶之间，而一阖一辟，潜然而自应，此生成之所从也，天一生水，而地六成之，地二生火，而天七成之，天三生木，而地八成之，地四生金，而天九成之，天五生土，而地十成之，一生一成，皆阴阳交媾之妙，二气相交，而五行兆焉，降于九天之上，升于九地之下，周流六虚，无有休息，始而终，终而复始，无一息流行，则无一息不交媾，当其无而其体浑然已成，当其有而其体秩然有象，圣人因河图之象数，而卦体立焉，夫河图只有四象，而卦上成八体十何也，盖因一画成爻，爻者交也，太始之气，只有一阳，是名太阳，太阳一交，而成太阴，是曰两仪，太阳太阴再交，而成少阴少阳，并太阳太阴，是曰四象。

此河图之显象也，盖因即河图每方二数，析之则有八，此河图之象隐而显者也，故卦之八，由于四象，爻之三，由于三交，乾坤二卦为母，六卦为子，此八卦之子母也，诸卦自为母，三爻为子，此一卦之子母也，以此分施造化，布满宇宙之间，于是举阳之乾为天，对以阴之坤为地，谓之天地定位，天覆于上，则地载于下也，此阴阳之一交，而成天地者也，举阳之艮为山，对以阴之兑为泽，谓之山泽通气，山载于下，则泽受于上也，举阳之震为雷，对以阴之巽为风，谓之雷风相薄，雷发于下，则风动于上也，举阳之坎为水，对以阴之离为火，谓之水火不相射，水火平衡，形常相隔，而情常相亲也，此三阴三阳之各自为交，而生万物者也，先贤以此为先天之卦，伏羲所定，本于龙马负图而作，实则浑沌初分，天地开辟之象也，四象虚中，而成五位，此中五者，即四象之交位，乾之真阳，坤之真阴，皆无形而为土之形，此土之下为黄泉，皆坤地积阴之气，此土之上为清虚，皆乾天积阳之气，而土肤之际，平铺如掌，乃至阴至阳，乾坤交媾之处，水火雷风山泽，诸凡天地之化机，皆露于此，故中五者，八卦托体储精，成形显用之所也。

故河图洛书，同此中五以立极也，河图虽有四象，而先天阳升阴降，上下初分，未可谓之四方，自中五立极，而后四极划然，各正其方矣，有四方之正位，而四维介于其间，于是八方立焉，统中五皇极而为九，分而布之，一起正北，二居西南，三居正东，四居东南，五复居中，六居西北，七居正西，八居东北，九居正南，谓之九畴，此虽出于洛书，而实与河图之数符合，天地之理，自然发现，无不同也，布其位曰，戴九履一，左三右七，二四为肩，六八为足，其八方之位，适与八方之数均齐，圣人即以八卦隶之，而其次序曰，坎一，坤二，震三，巽四，中五，乾六，兑七，艮八，离九，此则四正四维，不易之定位也，数虽起一，而用实首震，盖因成位之后，少阳用事，先天主天，而后天主日，元子继体代父为政也，易曰，帝出乎震，齐乎巽，相见乎离，致役乎坤，说言乎兑，战乎乾，劳乎坎，成言乎艮，一二三四五六七八九者，古今之禅代推移，周而复始者也，震巽离坤兑乾坎艮者，日月之出没，四时之气机，运行迁谢，循环无端者也，先贤以此为后天之卦。昔者大禹治水，神龟出洛，文王因之作后天之卦，岂伏羲画卦之时，未有洛书，而大禹衍畴之时，未有后天卦位耶，窃以为图书，必出于一时，而先天后天卦位，亦定于一日，伏羲但有卦爻，而文王始系之辞尔，河图洛书非有二数，先天后天非有二义也，特先天之卦以阴阳之对待者言，有彼此而无方隅，后天之卦以阴阳之流行者言，则有方隅矣，至其作卦之旨，要在于阴阳之亘根则一也，夫易之道，贵阳贱阴，则阳当为主，而阴当为辅，而此云阳以相阴者何也？

　　盖因阳之妙，不在于阳，而在于阴，阴中之阳，乃真阳也，故阴为之感，而阳来应之，似乎阴反为君，而阳反为相，此经言神明之旨也，然阳之所以来应乎阴者，以阴中本自有之，以类相从，故来应尔，岂非阴含阳乎，阴含阳则能生阳矣，一切发生之气，皆阳司之，则皆自阴出之者也，刚柔即阴阳，阴阳以气言，刚柔以质言，易曰：乾刚坤柔。又曰：刚柔相摩，八卦相荡，八卦之中，皆有阴阳，则皆有刚柔，若以阳为刚，以阴为柔，则宜乎刚生于柔矣，而乃说柔生于刚者何也；无形之气，阳刚而阴柔，有形之质，阴刚而阳柔，于有形之刚质，又生无形之柔气，质生气，气还生质，故曰柔生于刚也。

　　凡其所以能为相助，能为包含生生不息，如是者，则以阴之与阳，盖自有其德也。惟阴之德，能弘大夫阳，以济阳之施，故阳之德，能亲顺夫阴，以昌阴之化，此阴阳之妙，以气目感，见于河图洛书，先后天之卦象者如是，由是则可以知天地之道矣。天地之道，阳常本于阴，而阴常育于阳，故天非廓然空虚者为天也，其气常依于有形，而无时不下济，地非块然不动者为地也，其形常附于元气，而无时不上升，然则天之气，常在地下，而地之气，皆天之气，阴阳虽曰二气，只一气尔，所以生天地者此气，所以生万物者此气，故曰化始也。

青囊经中卷

经曰：

天有五星，地有五行，天分星宿，地列山川，气行于地，形丽于天，因形察气，以立人纪。紫微天极，太乙之御，君临四正，南面而治，天市东宫，少微西掖，太微南垣，旁照四极。四七为经，五德为纬，运斡坤舆，垂光干纪，七政枢机，流通终始。地德上载，天光下临，阴用阳朝，阳用阴应，阴阳相见，福禄永贞，阴阳相乘，祸咎踵门。天之所临，地之所盛，形止气蓄，万物化生，气感而应，鬼福及人。是故天有象，地有形，上下相须而成一体，此之谓化机。

天文列象之图

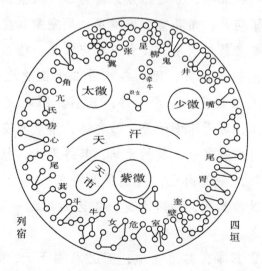

中国传统术数总集 第一辑

【蒋注】

此篇以有形之象，为天地之化机，而指示气之所从受也，上文既阐明河图洛书，先天后天八卦之理，圣人作易之旨尽于此道，天地阴阳之道亦尽于此矣，然圣人不自作易，其四象八卦，皆仰法于天，所以此篇专指天象以为言，夫易之八卦，取象于地之五行，实因天有五曜，五曜凝精上，而五行流气于下，天之星宿，五曜之分光列象者也，地之山川，五行之成体结撰者也，所以山川非列宿，而常具列宿之形，观其形之所呈，即以知其气之所禀，夫有是形，御是气，物化自然，初未及乎人事，而圣人仰观俯察，人纪从此立焉，木为岁星，其方为东，其方为中央，其令为季夏，其德为信，金为太白，其方为西，其令为秋，其德为义，水为辰星，其方为北，其令为冬，其德为智，洪御世宰物，一天地之道也，备言天体。

则有七政以司元化，日月五星是也，有四垣以镇四方，紫微天市太微少微是也，有二十八宿以分布周天，苍龙七宿，角亢氐房心尾箕，朱鸟七宿，井鬼柳星张翼轸，白虎七宿，奎娄胃昴毕觜参，玄武七宿，斗牛女虚危室璧是也，四垣即四象，七政即阴阳五宿之根本，其枢在北斗，分之四方，而为二十八宿，所以房虚昴星应日，心危毕张应月，角斗奎井应岁星，尾室觜翼应荧惑，亢失娄鬼应太白，箕壁参轸应辰星，氐女胃柳应镇星，临制其方，各一七政也，浑天周匝虽说四方，而已备八卦二十四爻之象矣，非经无以立极，非纬无以嬗化，一经一纬，真阴真阳之交道也，交道维络，而后天之体，环周而固于外，地之体，结束而安于中，此元气之流行，自然而成器者也，其始无始，其终无终，包罗六合，入于无间，虽名阴阳，一气而已，人能得此一气，则生者，可以善其生，而死者可以善其死，地理之道，盖因人纪之一端，此端既立，则诸政以次应之。

所以圣人重其事，其用在地，而必求端于天，本其气之所自来也，然气不可见，而形可见，不可见之气，即寓于有可见之形，形者气之所成，而即以载气，气发于天，而载之者地，气本属阳，而载之者阴，所以有阴即有阳，地得其所，则天气归之，天地无时不交会，阴阳无时不相见，相见而得其冲和之正，则为福德之门，相见而不得其冲和之正，即为相乘，而名祸咎之根，祸福殊途，所争一间，良足畏也，且亦知星宿之所以丽于天，山川之所以列于地者乎，天之气，无往不在，而日得天之阳精，而恒为日，而月得天之阴精，而恒为月，五曜得天五气之精，而恒为纬，至于四垣二十八宿，众星环列，又得日月五星之精，而恒为经，此则在天之有形者，有以载天之气也，地之气无往不在，而山得日月五星之气，而恒为山，川得日月五星之气，而恒为川。

此则在地之有形者，有以载地之气也，列宿得天之气，而生于天，列宿与天为一体也，山川得地之气，而生于地，山川与地为一体也，万物之生于天地，何独不然，夫万物非能自生，借天地之气以生，然天地非有意生万物，万物各自有地焉，适与天地之气，相遇于窅冥恍惚之中，夫有所沾濡焉，夫有所绸缪焉，夫有所苞孕焉，遂使天地之气，止而不去，积之累之，与物为一，乃勃然以生尔，地理之道，必使我所取之形，足以纳气，而气不我，去则形与气交而为一，必使我所据之地，足以承天，而天不我隔，则地与天交而为一，夫天地形气既合而为一，则所葬之骨，亦与天地之气为一，而死魄生人，气脉灌输，亦与为一，福应之来，若机张审括，所谓化机也，不然，蓄之无门，只之无术，虽周天列宿，炳耀中天，而我不蒙其照，虽大地阳和，滂流八表，而我不沾其泽，天为匡廓，地为稿壤，骨为速朽，子孙为寄生，我未见其获福也，可不慎哉，可不慎哉。

青囊经下卷

经曰：

无极而太极也，理寓于气，气囿于形，日月星宿，刚气上腾，山川草木，柔气下凝，资阳以昌，用阴以成。阳德有象，阴德有位，地有四势，气从八方，外气行形，内气止生，乘风则散，界水则止。是故顺五兆，用八卦，排六甲，布八门，推五运，定六气，明地德，立人道，因变化，原终始，此谓之化成。

【蒋注】

此篇申言形气虽有区别，而道理其理则是一样的，在这我要告诉人们"因形求气，为地理入用之准绳也"，易曰：易有太极，是生两仪，太极者，所谓象帝之先，先天地生，能生天地万他之祖根也，本无有物，无象无数，无方隅，无往不在，言太极，而无极可知，后贤立说，虑学者以太极为有物，故申言以明之曰，无极而太极也，大而天地，细而万物，莫不各有太极，物物一太极，各一物全具一天地之理，人知太极物物皆具，则地理之道，思过半矣，理寓于气，气一太极也，气囿于形，形一太极也，以至中有太极，故能下凝，资阳以昌，资之以太极也，用阴以成，用之以太极也，太极之所显露者，谓之象，而所宣布者，谓之位，地无四势，以太极乘之，而命之为四势，气无八方，以太极御之，而命之为八方，势与方者，其象其气，而命之为势为方者，其极，极岂有定耶，则势与方，亦岂有定耶，四势之中，各自有象，则八方之中，亦各自有气，然此诸方之气，然此诸方之气，皆流行之气，因方成形，只谓之外气，苟任其流行而无止蓄，则从八方而来者，还从八方而去，千山万水，仅供耳目之玩，如传舍，如过客，总不足以浚发灵机，滋荄元化，必有为之内气者焉，所谓内气，非内所自有，即外来流行之气，于此乎止，有此一止，则八方之行形者，皆招摄翕聚乎此，是一止而无所不止，于此而言太极，乃为真太极矣，无所不止，则阳无所不资，阴无所不用，而生生不息之道在其中，太极生两仪，两仪生四象，四象生八卦，万事万物，皆胚胎乎此。

前篇形止气蓄，万物化生，盖谓此也，然但言止，而不申明所以止之义，恐世之审气者，茫然所措手，故举气之最大而流行无间者，曰风曰水，夫风有气而无形，禀乎阳者也，水有形而兼有气，二者皆行气之物，气之阳者，从风而行，气之阴者从水而行，而行阳气者，反能散阳，以阳中有阴也，行阴气者，反能止阳，以阴中有阳也，大块之间，何处无风，何处无水，风原不能散气，所以嘘之使散者，病在乎乘，水原不能止气，所以吸之使止者，妙在乎界，苟能明乎乘与界之为义，审气以推太极之法，概可知矣，上文反复推详，皆泛言形气之理，至是乃实指地理之用，于是总括其全焉，顺五兆，以五星之正变审象也，用八卦，以八方之旺衰审位也，排六甲，以六甲之纪年审运也，布八门，以八风之开阖审气也，地理之矩矱尽于此矣，推五运，以五纪之盈虚审岁也，定六气，以六气之代谢审令也，谨岁时以扶地理之槖钥，尽于此矣，如是则太极不失其正，而地德可明，然圣人之明地德也，非徒邀福而已，盖因地之五行，得其顺，则人之生也，五德备其全，而五常若其性，圣贤豪杰，接踵而出，而礼乐政刑，无不就理，岂非人道自此立乎，然此亦阴阳变化，自然之妙，虽有智者，不能以私意妄作，夫亦为知其所以然，因之而已，夫卜地葬亲，乃慎终之事，而子孙之世泽，皆出其中，则人道之所以终，即为人道之所以始，然则斯道也者圣人开物成务，无有大于此者也，谓之化成宜哉。

【评注】

此经为汉朝黄石公授赤松子之本。上卷以"无形之气，为天地之始"，推原天地之道所从来也。而道之所从来，总不离河图洛书，先天后天对待交媾之妙，此皆阴阳二气之变幻，互为其根之用。天地即阴阳，阴阳即天地，是以天之气，无时而不下济，地之气，无时而不上升。则天之气常在地中，而地中之气，皆天之气也，若以阴阳而分言之，虽曰二气，实为一气，所以生天地者此气，生万物者亦出于此气，故上卷一章，名之为化始也。

中卷又以"有形之象，为天地之机"，而指示气之所从受也，所以天象为言，以见星列于天，为凝精于上，而五行流气于下，山川即五行之结撰者，可见其用在地，而必求端于天也。要知发于上者天也，载于下者地也，万物莫不借天地之气以生，非天地有意生万物，适与天地之气，相遇于悠远恍惚之中，似有所沾濡，绸缪苞孕之妙，遂使天地之气止而不去，积累之久，与物为一，至于为一，则勃然生之尔。所以地理之道，要我所据之地，能与天地形气，合而为一，则死魄生人，气脉灌输，亦无不一，其福应之来，若机张括，故名之为化机也。

下卷又申言"形气虽殊，而其理则一"，特示人以因形求气，为地理入用之准绳也，故以无极而太极为言，乃从万物之根，以见生天地者，太极也。是此太极，本无有象，无往不在，大而天地，细而万物，莫不各有一太极，物物一太极，一物即全具天地之理。人知太极，物物皆具，则地理之道，知道过半了。要知理与气，气与形，以及日月星辰，山川草木，各有太极，而其象其气其势其形，全无一定，乃又以散止为言，正所以定太极之法。至其言五兆六甲，八门气运之说，亦所以使太极不失其正，以明地德也，地德明而人用之下葬，其子孙后世荣泽，皆出乎于其中，岂非人道之立乎。是此开物成务，未有大于此者，故谓之化成。若能对于此三卷经文，反复研究，以确立地学之根源，也不失易理贵阳贱阴之妙矣，又何须他求哉！

《葬书》辩证

（此为世美堂古本）

世间之习地理者，未有不推崇叶九升之《地理大成》一书，认为此书法备权威集广，好去研求。今天阅读其书，大片的伪书伪法，全然错谬，有背河图洛书之理，得失阴阳地理之正道，竟无一卷可取，其中阐述杨、郭、曾三公之书，尽属乖谬，以此为宗者不知其讹，然用之无不祸人矣。今杨、曾二公之书，已被蒋大鸿公《地理辩正》于前，何敢再注释，惟郭公之《葬书》，未见前贤注解，而市面中之所注释者又皆讹谬，如叶九升所注之《葬书》，将支之言水龙，垄之言岗龙者，皆注为言山龙，其末节朱雀源于生气数语，是极言水龙平阳形状，叶九升又注是言山龙，牵混乱注，反将《青囊奥语》义旨尽失，并将语句撺移增添，致令文义不接。余阅及到此，不禁为郭公抱不平，更为郭公大声疾呼也。叶九升将书如此败坏，还大言不惭，以为如此一注，则郭公《葬书》之意，不至泯没。不知实因此一注，反令此书之精义愈晦，郭公有知，未有不恨于九泉之下矣。郭公此书，从《青囊经》而出发，其中具微妙之灵秘，诀正幽深，诚为《青囊经》之注疏，即杨、曾之书，又皆从此书而作，此书诚为"地书之鼻祖，无出其右者"。

宜宾语

葬　书

东晋　郭璞

　　葬者乘生气也。五气行乎地中，发而生乎万物。木华于春，粟芽于室。经曰：土形气行，物因以生。

【评注】

　　太始之初，只有一阳气、一阴气，阳者火也，阴者水也，水火一交而乾坤生成，上下分矣。然阳为乾之真气，阴为坤之真气，此皆无形，而惟土有形，此土之下为黄泉，皆因为坤地积阴之气，此土之上为清虚，皆因乾天积阳之气，而土肤之，平铺如掌，乃至阴之阳，交媾而成穴之处也。此阴阳二气，不少相离，是因阳之妙，不在于阳，而在于阴，阴中之阳，乃真阳也，故阴为之感而阳来呼应，其阳之所以应阴者，以阴中本自有阳，仍以此类相从，故来应尔。阴中含阳，其一切发生之气，皆阳司之，亦皆阴出之者也。是虽有阳司阴出之分，要其原总一阳气司之出也。

　　故葬之所承者，承其阳气也，因阳气必借土以蓄存，所以有穴之说，人能扦穴而用葬，是承得阳气，也即是承得生气，这些都为葬事首务，故开章即曰"葬者承生气也"。这种生气，即阴中之真阳，而此真阳化生五气，升则借土以升于九天，降则借土以降于九地，是以土中有气，土有气亦有形，土有形自必阳气行乎其中，则万物有不生发者乎。故引木之华于春，栗之芽于室为言者，足见得受阳生之气所致故，亦可见地中有阳生之气也。人只捉得出真龙，点得出真穴，再无不能承阳生之气，因龙即阳生之气所在此也。地理家之寻龙格龙，即是寻有阳生之气，如山有阳生之气，即有脉可寻可格，正如《青囊奥语》中金龙动之称谓。如无脉，即无阳生之气，亦正《青囊奥语》中金龙不动之称谓。使得有阳生脉，见之山，节节步来，一卦清纯不杂，看到头寻穴者，又是寻阳生之气，凝结所在，为藏棺之用也。若舍龙则不需要再言。

盖生者气之聚，凝结成骨，死而独留。故葬者反气纳骨，以荫所生之法也。人受体于父母，本骸得气，遗体受荫。经曰：气感而应，鬼福及人。是以铜山西崩，灵钟东应。

【评注】

此段言死骨，得阳生之气，化为阳神，以荫所生之人，故引铜山灵钟，西崩东边则应来对比，足见人与父母骨骸，相感必应，葬之得法，则为福应，葬不以法度，则会产生祸应，不可不谨慎。然其应必待受阳生之气足，始能荫及生人，若非气足气运当旺之时，不能有应验。世上常言朝葬暮发者，或寅葬卯发者，乃轻视亲体，重慕富贵之行为，不过是时师惑世射利之语，不可轻信。

夫阴阳之气，噫而为风，升而为云，奋而为雷，降而为雨，行乎地中，而为生气。

【评注】

此言清虚中之为风为云为雨者，一阳气升降之变幻，如入地中，即为生气，因万物之生，莫不依赖阳气以生，如失阳气，未有不死者矣。所以地理家首重承生之用，而时师不从龙上去认生气，却以四长生论水，或论满盘生旺，皆讹谬妄谈，必失真生气也。叶九升以雨水入地为生气，胡说极矣。像他所说，处处有雨，处处可用，此皆不知阴阳二气，有感应含蓄化生之妙，妄言立论，贻误后人，真无学之盲师也，诚堪叹恨。

丘垄之骨，冈阜之支，气之所随。

【评注】

此言山以石为骨，丘垄之山，即要有石，因石为生气所结也。平阳以水为支，岗阜之所，要有支水，即水龙之谓，以大水为干，小水为支，要隐隐隆隆，为水龙生气所止也，并非指土脉之脊，妄认为生气所在，要知山龙水龙之真者，皆有阳生之气，相从凝结之处，如丘垄之见石，如岗阜之有支，即有生气相随也，可见叶九升皆认错说错。

经曰：气乘风则散，界水则止，故谓之风水。风水之法，得水为上，藏风次之。何以言之？夫外气所以聚，内气界水，所以止来龙千尺之势。委婉顿息，外无以聚，内气散于地中。经曰：不蓄之穴，腐骨之藏也。夫噫气为能散生气，龙虎所以卫区穴，叠叠中卓，左空右缺，前旷后折，生气散于飘风。经曰：腾漏之穴，败棺之藏也。

【评注】

此引经书上二句，以说明无水则风到而气散，有水则气止而无风，故"风水"二字为地学之最重，而其中以得水之地为上等，以藏风之地为次等。因山上峙其中融结之处为内气，若有凹缺之所，即为外阴气所入，如无凹缺，而有水拦，则水之所在，天光下临水中，即阳气外包，固其内气不散，故说界水，所以止来龙，然界水何能止龙？以天光阳气外固而内之阴中阳气止聚，故说然也。至说龙者，莫实认为龙，须认作阳生之气看，以龙为生气之所依附者也。是以下说外无水拦则阳气散，或有空缺则阳气为风所飘，皆腐骨败棺之所也。书说：得水者，水龙法也；藏风者，山龙法也。上者平阳水龙之地，为至好者也，次者山龙次于水龙之称谓也。

古人聚之使不散，行之使有止。

【评注】

此以古人为证，见山龙必求其藏风山会之所，水龙必求其水行有止之处，方为葬也。山龙无聚，水龙无止，不可取用。此中使字能作用字之意看解，即明察地之奥，不然，人何能使山之不散，水之有止也耶。叶九升不敢解说使字之用，亦可见其学问矣。

夫土者气之体，有土斯有气；气者水之母，有气斯有水。经曰：外气行形，内气止生，盖因言此也。

【评注】

此申言气以土为体，气寓土中，土有动象发见，而外必有水绕抱，水一绕抱，则土中之阳气止而不行，正发明平阳水龙之妙，切不可误认为言山龙也。世人但知水交为止，此只人人可知，惟水龙之止，人不能易知，人能知水龙之止，即得水龙止生之所，方为得水，是得水二字，何可轻言。叶九升既不能晓水龙之止，徒以上分下合，认为得水，真盲师语也。

夫气行乎地中，其行也，因势之起；其聚也，因形之止。葬者原其起，乘其止。地势原脉，山势原骨，委蛇东西，或为南北，千尺为势，百尺为形。势来形止，是谓全气。全气之地，当葬其止。

【评注】

此承生气极言山龙水龙形势，如水龙只看地势之高下，不用察其祖宗父母，只察水自何而行，从何而转，乘其所止，要有百步之长形，此节地势原其脉之称谓也。山龙因其起而察其聚，要认其祖宗父母，辨其老少刚柔，喜见一家骨肉，要有千步之高势，此即山势原其骨之称谓也。水龙之形止，山龙之势会，方为全美之地，皆寻其止以为葬。此是一句山龙一句水龙相并立言，莫俱认为言山龙亦莫俱认为言水龙也。叶九升盲谓言大地，不能分别山龙水龙之奥，随方妄注，真旨皆失，误人之处诚为不浅。

宛委自复，回环重复。若踞而候也，若揽而有也。欲进而却，欲止而深。来积止聚，冲阳和阴。土高水深，郁草茂林。贵若千乘，富如万金。经曰：形止气蓄，发生万物，为上地也。

【评注】

此专言水龙，要委婉回环，自卑而下，若踞此而相候，有一望全收之妙。其欲进而却者，是水流之缓，曲折存蓄以照映穴所，则其气积自深，而止气可聚也，如此再合阴阳顺逆之局法，则其气冲和，真形止气蓄之上等地也。叶九升将此认为言山龙，更伪造杨公之语，真无眼无学之徒也。

气之盛虽流行，而其余者犹有止；虽零散，而其深者犹有聚。故藏于涸燥者宜浅。藏于坦夷者宜深。经曰：浅深得乘，风水自成。

【评注】

此节首句是承上文，言水龙群支从结，次句是言山龙分龙再结。其言藏涸燥者是指水龙岗阜之顶，坦夷者是指山龙重与营塞，开阳平坦之所，并指山龙宜深，水龙宜浅，用得其宜，则承得阳生之气，其风水自成矣。

夫重冈叠阜，群拢众支，当择其特。大则特小，小则特大。参形杂势，主客同情。所不葬也。夫支欲伏于地中，位欲峙于地上。支垄之止，平夷如掌。故支葬其巅，坑葬其麓。卜支于首，卜位于足。形势不经，气脱于逐。

【评注】

此言平阳水龙岗龙觅地之法，并言支龙之形势，其支之止处，有支之平夷之所，垄之止处，有垄之平夷之所，但支之平夷在巅，垄之平夷在麓，故以首足为名，并指支葬巅而垄葬麓，不可错用。且观支伏地中，非水龙之谓乎，垄峙地上，非岗龙之谓乎。叶九升将支垄二字，俱认为言山龙，先已认错，其立论亦不足观矣。

地贵平夷，土贵有支。支之所起，气随而始。支之所终，气随以钟。观支之法，隐隐隆隆，微妙玄通，吉在其中。经曰：地有吉气，土随而起。支有止气，水随而比。势顺形动，回复始终。法葬其中，永吉无凶。

【评注】

此专言平阳水龙之法，以大河为干，小水为支，支之起处，为气之始，即支水出口之所，支之止处，即穴旁滨底之所，为来气之止聚处也。水以出口为去，以入口为来。寻常论水地理家平阳水龙诀法，却以水出口为来，以顶上水之尽处为止，盖因水自顶上顺下流去，出口入河，则水中阳气却不随水而去，乃逆水而上行，至顶上水之尽处止，故说支有止气。其回复终始，亦即此之称谓也。然其止处，必隐隐隆隆，高于他所即于止处扦葬，自必永昌。叶九升将此注为言平支山龙，又伪造杨公天心涌笑之语为证，则叶九升上负古人，下惑后进之罪，应受何报？

山者势险而直也，法葬其所会，乘其所来，审其所废，择其所相，避其所害，祸福不旋日，是以君子夺神功，改天命。经曰：葬山之法，若呼谷中，言应速也。

【评注】

此言寻得真龙到头用法，必葬山之所会，承受其阳气，就中察其冲射凹缺之所废弃不用，而复相其水之来去，以立向道，又避其阴阳之所背，则福不旋日而至，不知如此法葬，则祸亦不旋日而生，盖谓葬山之应速也。此明言山法，而叶九升认为垄龙，其注释一派伪法伪名，全与书义相左，真误世之庸人也。

山之不可葬者五：气以生和，而童山不可葬也；气因形来，而断山不可葬也；气因土行，而石山不可葬也；气以势止，而过山不可葬也；气以龙会，而独山不可葬也。经曰：童断石过独，生新凶而消已福。

【评注】

此因上文言山龙为葬，并示人知葬山之有此五凶，犯之生祸。一定要细心辨别，牢记在胸。

上地之山，若伏若连，其原自天；若水之波，若马之驰；其来若奔，其止若尸；若怀万宝而燕息，若具万善而洁齐；若囊之鼓，若器之贮，若龙若鸾；或腾或盘，禽伏兽蹲，此万乘之藏也。

【评注】

此言真龙之形，大约的十五种美状，最为端严，不向他人之称谓也，此段简洁明了。

天光发新，朝海拱辰，四势端明，五害不侵，十一不具，是为其次。

【评注】

此言天光发新者，是言山龙阴阳相见，结穴发见之谓；朝海拱辰者，是言水龙止处之谓；四势端明者，四正这山皆有端方明秀之形；五害不侵者，是不犯童断石过独之五凶；十一不具者，以十一两字合成是土字，具者土有凸形，不具者是土无凸形，具于穴所，即为上等，不具于穴所，即为次等之地。此山龙水龙，双关立论，不可错认，至四势者，指四正四象之谓，非指四维为四生之所也。叶九升盲以天光发新，认为斩草伐木，庸谬极矣。要知此是山水之阴阳，气结发见自必有穴情之象，若以斩草伐木认为是天光发新，则草斩木伐，阳气摧残，从何见其发新也。至说十中有一不足，不得谓十全之地，不知叶九升以何等为十，盲谈妄注，叶九升之庸陋，诚为可恨。

占山之法，以势为难，而形次之，方又次之。势如万马，自天而下，其葬王者；势如巨浪，重巅叠嶂，千乘之葬；势如降龙，水绕云从，爵禄三公；势如重屋，茂草乔木，开府建国；势如惊蛇，屈曲徐斜，灭国亡家；势如戈矛，兵死刑凶；势如流水，生人皆鬼；形如置冠，永昌且欢；形如覆釜，其巅可富；形如负扆，有垄中峙，法葬其止，王侯崛起；形如燕巢，法葬其凹，胙土分茅；形如侧晶，后岗远来，前应曲回，九棘三槐；形如仰刃，凶祸遄逃；形如卧剑，诛夷逼偕；形如横几，子灭孙死；形如覆舟，女病男囚；形如灰袋，灾祸横害；形如投算，百事惛乱。形如乱衣，妒女淫妻。形类百动，葬皆非宜。回应朝案，法同忌之。

【评注】

此言山法，以势为上等，形为次等，方又次等，足见以形势为重，又写吉凶形状，令人知之，并以回应朝案之形状，亦同此忌，为卜地趋避之用，本文甚明。叶九升之注，真狗尾续貂也。

经曰：地有四势，气从八方，是故四势之山，生八方之龙，四势行龙，八方施生，一得其宅，吉凶贵荣。

【评注】

此按上文四势端明以言四正之山，分枝披脉，遍行八方，以施化生。盖因四势系指四正四象而言，并非指四维，亦非指四生之所。至说得宅者，得真穴之称谓也。

中国传统术数总集 第一辑

夫势与形顺者吉，逆者凶。势凶形吉，百福希一；势吉形凶，祸不旋日。

【评注】

　　此承上文八龙施生，特示人知山之左右旋转形势，以定顺子一局，逆子一局，双双起之用。如势与形顺为吉者，即龙之形势，左旋右转，合得顺逆局法，蒙吉之谓。如势与形逆为凶者，即龙之形势，左旋右转，不合顺逆局法，生凶之谓。如来势不清，而到头之形虽吉，不过无祸，亦不受福。如来势虽清为吉，而到头却是凶形，一葬受祸最速。此山龙水龙双关立言，非单言山龙亦非单言水龙也。叶九升妄以大小贵贱注释，试问此中有大小贵贱之字句乎，所去皆谬，诚堪叹恨。

　　经曰：势止形昂，前涧后岗，龙首之藏。鼻颡吉昌，角目灭亡，耳致侯王，唇死兵伤。宛而中蓄，谓之龙腹。其脐深曲，必后世福。伤其胸肋，朝穴暮哭。

【评注】

　　此言葬处，必因形势以定，故以首颡角目耳唇腹脐胸肋为名，分别吉凶之所以示人，只要适得其中之用，莫过高趋下，自然致福。如高低一失，立见其凶。叶九升臆度之盲语，殊觉污目。

　　夫人之葬，盖亦难矣！支垄之辨，眩目惑心，祸福之差，候虏有间。土圭测其方位，玉尺度其远近。乘金相水，穴土印木。外藏八风，内秘五行。龙虎抱卫，主客相迎。微妙在智，触类而长，玄通阴阳，功夺造化。

【评注】

　　此言山龙水龙之察，必用罗经格其方位，目力度量形势。定穴上下，却要承其金龙阳生之气；定穴之后，又必相度水之去来方位，依三元，定向道，如是即定，然后开穴去土，将棺如印，以落穴中，是承金而后相水，穴土而后印木，相连依次为用。而伪法造为四葬法，深为乖谬，用之生害。又要外避八方风水之冲射穴内，用挨星五行，生入克出，而坐穴处不可克来龙之五行分度，并分金之纳音，始为至妙，至左右龙虎之卫抱，前后主客之相迎，在所必察，其玄妙处，乃看山龙水龙之顺逆阴阳，使朝应不失，自然能夺造化之功，全赖智者之用，而支垄之辨察，已是眩目乱心之难，又有如此为葬，岂不更为难乎。叶九升以一派伪法盲注，乃江湖求食拐钱之虚架尔，断不可宗。

夫土欲细而坚，润而不泽，裁眆切玉，备具五色。夫干如聚粟，湿如刲肉，水泉沙砾，皆为凶宅。

【评注】

此言穴土吉凶，人不择用，书中明言要五色具备，是因先已得山龙水龙，形势合法，再得五色之土，方为上吉。如龙不合法，纵得五色之土，亦不可用。只重龙法，不重土色。况阴阳之气，行乎地中，化生五气，自必有五色之土。如见五色纯全，用之方吉。其若聚粟刲肉，砂砾水泉，皆是无阳气之凶土，断不可用。而近时竟有不论龙法，专言土色者，此乃不知地理之人，又要自居通晓，却不敢论龙法，只以土色难人，为穷诘之巧。时师中亦多如此，而若辈却于其中，又作射利之术也。叶九升注说非必五色具足，是乃不知阴阳之生化，牵就之盲语，直与书义相左。则叶九升真亦无学之徒，何苦注此书，贻害无穷也。

盖因穴有三吉，葬有六凶。天光下临，地德上载，藏神合朔，神迎鬼避，一吉也。阴阳冲和，五土四备，二吉也。目力之巧，功力之具，趋全避缺，增高益下，三吉也。阴阳差错为一凶，岁时乘戾为二凶，力小图大为三凶，凭富恃势为四凶，僭上逼下为五凶，变应怪见为六凶。经曰：地吉葬凶，与弃尸同。

【评注】

此言葬有三吉六凶，今人趋吉避凶也。夫天光之下临者，地上空虚之处，皆为天之阳光所在，而此天光映入水中，即为阳气下注，包固内气之谓，非天星照映于此穴也。地德上载者，山高上峙，插入清空之中，以承天气之谓，非指秀丽也。藏神合朔者，当入地狱棺复命之时，有日月盖照守护也。神迎鬼避者，用挨星之法，自然山向水上，俱有吉星加临，则凶神自退矣。阴阳冲和者，阴山阳水，阴水阳山，左右顺逆，双双起之谓，其阴阳依挨星之阴阳，非时师伪法之阴阳，亦非一位左挨之双双起也。五土四备者，以土本黄色，位居中五，故称五土，而其中要有青赤黑白四色之土，故说四备。若依叶九升注，不用黑色，亦止三备，与经义大谬。要知五气藏于地中，自然有五色之土，土得五色方吉，不用避黑色也。目力之巧，即趋全避缺之妙；功力之具，即增高益下之为。以上为三吉之用于葬也。阴阳差错者，不合阴阳顺逆双双起之谓。岁时乖戾者，犯年月日时气运时令休囚死绝之谓。力小图大者，妄希大地之谓。凭富恃势者，谋占他人地土之谓。僭上者，僭越制度。逼下者，草率了事，不信斯道之谓。变应怪见者，人事改革，山崩水决之谓。此为六凶，不可犯之者也。如葬而犯此六凶，地虽吉，则与弃尸无异也。叶九升于此妄注多谬，误世不浅。

夫葬以左为青龙，右为白虎，前为朱雀，后为玄武。玄武垂头，朱雀翔舞，青龙婉蜒，白虎驯俯。形势反此，法当破死。故虎蹲谓之衔尸。龙踞谓之嫉主。玄武不垂者，谓之拒尸。朱雀不舞者，谓之腾云。

【评注】

此言山龙前后左右之砂，有吉形，有凶形，示人详观，以为取舍之用也。

夫以支为龙虎者，来止迹于岗阜，要如肘臂之环抱。

【评注】

此言水龙之龙虎，即在岗阜，其形迹要如肘臂之环抱，不可依山龙之法求龙虎，如无肘臂环抱之形，不可取用。

以水为朱雀者，衰旺系乎形应，忌乎湍激，谓之悲泣。

【评注】

此言以水为朱雀者，以山穴水穴，前有水拦抱，故以前水称为朱雀，至说衰旺系乎形应者，以有环抱形势谓之旺，以无环抱而有反挑形势者谓之衰，是专看其形以定衰旺，故说系乎形应也。至其水之流，喜其澄缓无声，最忌急流有声也。叶九升以衰旺认为长生立论，俗师之伪，切不可遵，用之生祸最速。

朱雀源于生气，派于未盛，朝于大旺，泽于将衰，流于囚谢。一返不绝，法每一折，潴而后泄，扬扬悠悠，顾我欲留，其来无源，其去无流。经曰：山来水回，贵寿丰财；山囚水流，虏王灭侯。

【评注】

此承上文水为朱雀，细言水龙形势，故以水之出口，指为朱雀，因水从此口而出去，则阳气即从此口而入来，故曰源于生气，即阴阳颠倒之称谓也。其派于未盛者，气初入口，尚去穴甚远之故。再一转折，则水旺盛，气入亦多，故说大旺，水向穴后绕抱，则水渐近渐高而渐细，其气亦细，故说将衰。至于穴旁滨底之所，其水微茫，故说囚谢也。其一返不绝者，水自穴旁滨底流去，至于出口，其水自流出，而水中之阳气，却从水口而进入，循水流之沟夹，上行至于滨底之所，源源不已，故说一返不绝。其法每一折者，一转折，一存蓄之谓。扬扬悠悠者，流缓无声之谓。顾我欲留者，照映穴所，不骤去之谓。其来无源者，气从水之出口而来，并无源头之谓。其去无流者，此水微茫，不似河泉之水，见其有流，故说无流也。若如时师以向上起长生为是，则一返不绝之说，是如何讲？即法每一折之语，又如何讲？来无源去无流之句，又如何讲呢？水龙以水为出，观经语水来水回，愈见时师之谬，至说山囚水流者，却非如此，乃四面水流，又无支之沟夹，通入大水，自下绕于上顶之谓，此处最凶，莫认错用错也。

叶九升将此分为两节，认为言山龙之用，认不出是言平阳水龙形状之诀，并不知蒋大鸿尤恨去来生旺墓，害人父母绝儿孙之语，妄遵伪法，从向上起长生三合，以论水法，真盲人之语，误世不浅。要知叶九升亦江湖求食之徒尔，原无学问，安知此为平阳水龙之法也。因其妄语，贻误后人，不得不为辨正其乖谬，以免世人之患，观者谅解。

青囊奥语

唐 杨筠松

　　杨公得《青囊经》正诀，悟其旨而写出《青囊奥语》。以玄空之理气，用五行之星体，而高山平地之作法，已经全部概括于其中，然非得其真传口诀者，索之章句之末，终不能辨，故谓之奥语，诚哉，其奥语也。

　　坤壬乙，巨门从头出，艮丙辛，位位是破军，巽辰亥，尽是武曲位，甲癸申，贪狼一路行。

　　左为阳，子癸至亥壬，右为阴，午丁至巳丙。雌与雄，交会合玄空，雄与雌，玄空卦内推。山与水，须要明此理，水与山，祸福尽相关。明玄空，只在五行中，知此法，不须寻纳甲。颠颠倒，二十四山有珠宝；顺逆行，二十四山有火坑。认金龙，一经一纬义不穷；动不动，直待高人施妙用。第一义，要识龙身行与止；第二言，来脉明堂不可偏；第三法，传送功曹不高压；第四奇，明堂十字有元微；第五妙，前后青龙两相照；第六秘，八国城门锁正气；第七奥，要向天心寻十道；第八裁，屈曲流神认去来；第九神，任他平地与青云；第十真，若有一缺非真情。明倒杖，卦坐阴阳何必想；识掌模；太极分明必有图；知化气，生克制化须熟记；说五星，方圆尖秀要分明；晓高低，星峰须辨得元微；鬼与曜，生死去

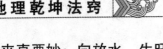

来真要妙；向放水，生旺有吉休囚否。二十四山分五行，知得荣枯死与生；翻天倒地对不同，其中密秘在玄空；认龙立穴要分明，在人仔细辨天心；天心既辨穴何难，但把向中放水看；从外出入名为进，定知财宝积如山；从内生出名为退，家内钱财皆废尽；生入克入名为旺，子孙高官尽富贵；脉息生旺要知因，龙歇脉寒灾祸侵；纵有他山来救助，空劳禄马护龙行；劝君再把星辰辨，吉凶祸福如神见；识得此篇真妙微，又见郭璞再出现。

【评注】

《四库全书》记载："《青囊奥语》旧本题唐杨筠松撰。其序则题筠松弟子曾文迪所作。相传文迪赣水人。其父曾求巳，先奔江南，节制李司空辟行南康军事，文迪因得筠松之术，后传于陈抟。是书即其所授师说也"。风水的学问很深奥，我们常说"形势之法易、理气之法难"，杨公所著此篇，就是因得青囊正诀，具体详言玄空大卦挨星之妙，即《青囊经》上卷阳生于阴之义，并在下卷论述理寓于气之妙用也。其言倒杖太极晕五行脉息，亦即《青囊经》中卷形止气蓄之义，而下卷气囿于形之妙用也，一形一气括尽青囊之旨，风水之道。以玄空之理气，施九星之倒排，高山平地之结作，尽在其中，如环无端，不可捉摸，若非口口相传，停留在章句之中，终不能辨。谓之青囊奥语，诚哉其奥语也。

天玉经

唐 杨筠松

内传上

江东一卦从来吉，八神四个一；

江西一卦排龙位，八神四个二；

南北八神共一卦，端的应无差。

二十四龙管三卦，莫与时师话，

忽然知得便通仙，代代鼓骈阗。

天卦江东掌上寻，知了值千金；

地画八卦谁能会，山与水相对。

父母阴阳仔细寻，前后相兼定；

前后相兼两路看，分定两边安。

卦内八卦不出位，代代人尊贵；

向水流归一路行，到处有声名；

龙行出卦无官贵，不用劳心力；

只把天医福德装，末解见荣光。

倒排父母荫龙位，山向同流水，

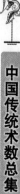

十二阴阳一路排，总是卦中来。

关天关地定雌雄，富贵此中逢；

翻天倒地对不同，秘密在玄空。

三阳水向尽源流，富贵永无休；

三阳六秀二神当，立见入朝堂。

水到玉街官便至，神童状元出，

印绶若然居水口，玉街近台辅，

冬冬鼓角随流水，艳艳红旆贵。

上按三才并六建，排定阴阳算；

下按玉辇捍门流，龙去要回头。

六建分明号六龙，名姓达天聪；

正山正向流支上，寡夭遭刑杖。

共路两神为夫妇，认取真神路；

仙人秘密定阴阳，便是正龙冈。

阴阳二字看零正，坐向须知病；

若遇正神正位装，拨水入零堂。

零堂正向须知好，认取来山脑；

水上排龙点位装，积粟万余仓。

正神百步始成龙，水短便遭凶，

零神不问长和短，吉凶不同断。

父母排来到子息，须去认生克；

水上排龙点位分，兄弟更子孙。

二十四山分两路，认取五行主；

龙中交战水中装，便是正龙伤。

前面若无凶交破，莫断为凶祸；

凶星看在何公头，仔细认踪由。

先定来山后定向，联珠不相妨；

须知细觅五行踪，富贵结金龙。

五行若然翻值向，百年子孙旺；
阴阳配合亦同论，富贵此中寻。
东西父母三般卦，算值千金价；
二十四路出高官，绯紫入长安。
不是父母未为好，无官只富豪；
父母排来看左右，向首分休咎。
双山双向水零神，富贵永无贫；
若遇正神须败绝，五行当分别。
隔向一神仲子当，千万细推详；
若行公位看顺逆，接得方奇特。
宫位若来见逆龙，男女失其踪；
更看父母下三吉，三般卦第一。

内传中

二十四山起八宫，贪巨武辅雄；
四边尽是逃亡穴，下后令人绝。
惟有挨星为最贵，泄漏天机秘；
天机若然安在内，家活当富贵；
天机若然安在外，家活渐退败。
五行配出九星名，天下任横行。
干维乾艮巽坤壬，阳顺星辰轮；
支神坎离震兑癸，阴卦逆行取。
分定阴阳归两路，顺逆推排去；
知生知死亦知贫，留取教儿孙。
天地父母三般卦，时师未曾话；

玄空大卦神仙诀，本是此经诀；
不识宗枝但乱传，开口莫胡言；
若还不信此经文，但覆古人坟。
分却东西两个卦，会者传天下；
学取仙人经一宗，切莫乱谈空；
五行山下问来由，入首便知踪。
分定子孙十二位，灾祸相连值；
千灾万祸少人知；克者论宗枝。
五行位中出一位，仔细秘中记；
假若来龙骨不真，从此误千人。
一个排来千百个，莫把星辰错；
龙要合向向合水，水合三吉位；
合禄合马合官星，本卦生旺寻；
合凶合吉合祥瑞，何法能超避；
但看太岁是何神，立地见分明；
成败断定何公位，三合年中是。
排星仔细看五行，看自何卦生；
来山八卦不知踪，八卦九星空；
顺逆排来各不同，天卦在其中。
甲庚丙壬俱属阳，顺排五行详；
乙辛丁癸俱属阴，逆推论五行。
阴阳顺逆不同途，须向此中求；
九星双起雌雄异，玄关真妙处。
东西二卦真奇异，须知本向水；
本向本水四神奇，代代着绯衣。
水流出卦有何全，一代作官员；
一折一代为官禄，二折二代福；
三折父母共长流，马上锦衣游；

马上斩头水出卦，一代为官罢；
直山直水去无翻，场务小官班。

内传下

乾山乾向水朝乾，乾峰出状元；
卯山卯向卯源水，骤富石崇比；
午山午向午来堂，大将值边疆；
坤山坤向坤水流，富贵永无休。
辨得阴阳两路行，五行要分明，
泥鳅浪里跳龙门，渤海便翻身。
依得四神为第一，官职无休息。
穴上八卦要知情，穴内卦装清。
要求富贵三般卦，出卦家贫乏。
寅申已亥水来长，五行向中藏。
辰戌丑未叩金龙，动得永不穷。
若还借库富后贫，自库乐长春。
大都星起何方是，五行长生旺。
大旆相对起高岗，职位在学堂，
捍门宫国华表起，山水亦同例，
水秀峰奇出大官，四位一般看。
坎离水火中天过，龙墀移帝座；
宝盖凤阁四维朝，宝殿登龙楼；
罡劫吊煞休犯着，四墓多消铄；
金技玉叶四孟装，金箱玉印藏。
帝释一神定县府，紫微同八武。

中国传统术数总集 第一辑

倒排父母养龙神，富贵万年春。

识得父母三般卦，便是真神路，

北斗七星去打劫，离宫要相合。

子午卯酉四龙冈，作祖人财旺；

水长百里佐君王，水短便遭伤。

识得阴阳两路行，富贵达京城，

不识阴阳两路行，万丈火坑深。

前兼龙神前兼向，联珠莫相放，

后兼龙神后兼向，排定阴阳算。

明得零神与正神，指日入青云，

不识零神与正神，房房绝除根。

倒排父母是真龙，子息达天聪；

顺排父母到子息，代代人财退。

一龙宫中水便行，子息受艰辛；

四三二一龙逆去，四子均荣贵；

龙行位远主离乡，四位发经商。

时师不识挨星学，只作天心摸，

东边财谷引归西，北到南方推。

老龙终日卧山中，何尝不易逢，

祇是自家眼不的，乱把山冈觅。

世人不知天机秘，泄破有何益，

汝今传得地中仙，玄空妙难言，

翻天倒地更玄玄，大卦不易传，

更有收山出杀诀，亦兼为汝说，

相逢大地能几人，个个是知心，

若还求地不种德，隐口深藏舌。

【评注】

在蒋大鸿所著的《地理辩证》一书中，对《天玉经》有详细的论述，在此只做简单表述。此经是杨公授曾公徒弟而作也，上卷是申明三般卦理，则一二挨加之妙，倒详父母之用，精详无遗，至其言六秀三阳双双起，认零神正神、分公位之别，定山向、言吉凶，丝丝不乱，一理贯通。中卷是言挨星诀法，亦合东西二卦，甚言合卦理获吉福，出卦蒙凶之谓。至其下卷，甚言三卦挨星，为祸福之极，其一字一句，皆为罗经之奥，又兼山法水法之用，错杂成言，最应详参，为地学施用之根也。若依市本之注，非但全行认错，字句擅改，皆非杨公之真旨，未有不自误者矣。

中国传统术数总集 第一辑

都天宝照经

唐　杨筠松

上　篇

　　杨公妙应不多言，实实作家传，人生祸福由天定，贤达能安命，贫贱安坟富贵兴，全凭龙穴真。龙在山中不出山，挂在大山间，若是沙曲星辰正，收得阳神定，断然一葬便兴隆，父发子传荣。

【评注】

　　蒋氏曰：此一节，专论深山出脉，老龙干气，生出嫩枝之穴也。

　　好龙脱劫出平洋，百十里来长；离祖离宗星辰出，此是真龙骨；前途节节出儿孙，文武脉中分；直见大溪方住手，诸山皆不走；个个回头向穴前，城郭要周完；水口乱石堆水中，此地出豪雄。若得远来龙脱劫，发福无休歇；穴见阳神三折朝，此地出官僚；不问三男并五子，富贵房房起。津湖溪涧同此看，衣禄荣华断。大水大河齐到处，千里来龙住；水口罗星锁住门，似大将屯军；落头定有一星形，非火士即金。正脉落平三五里，见水方能止。二水相交不用砂，只要石如麻；更看磷石高山锁，密密来包里；此是军州大地形，细说与君听。

【评注】

蒋氏曰：此一节，专言大干传变，行龙尽结之穴，谓之脱劫龙，又名出洋龙。

天下军州总住空，何曾撑着后头龙，祗向水神朝处取，莫说后无主，立穴动静中间求，须看龙到头。

【评注】

蒋氏曰：此节以下，皆发明平洋龙格。与山龙无涉矣。

杨公妙诀无多说，因见黄公心性拙，全凭掌上起星辰，类聚装成为妙诀。大山唤作破军星，五星所聚脉难分，但看出身一路脉，到头要分水士金；又从分水脉脊处，便把罗经照出路，节节同行过峡真，前去必定有好处。子字出脉子字寻，莫教差错丑与壬，若是阳差与阴错，劝君不必费心寻。

【评注】

蒋氏曰：自此章以下，皆杨公平洋秘诀，字字血脉，而又字字隐谜，非真得口口相传，天机钤诀者，未许执语言文字，方寸罗经，而妄谈二十四山八卦九星之理也。

子癸午丁天元宫，卯乙酉辛一路同，若有山水一同到，半穴乾坤艮巽宫，取得辅星成五吉，山中有此是真龙。

【评注】

蒋氏曰：此承上节罗经照过峡，详言方位理气，即天王玄空大卦之作用也。

中国传统术数总集 第一辑

辰戊丑未地元龙，乾坤艮巽卦内宗，甲庚壬丙为正向，脉取贪狼护正龙。

【评注】

蒋氏曰：此取四季之支为地元龙者，亦谓此四支中有地元龙者存也。

寅申巳亥人元来，乙辛丁癸水来催，更取贪狼成五吉，寅坤申艮御门开，巳丙宜向天门上，亥壬向得巽风吹。

【评注】

蒋氏曰：此四孟之支，亦属四隅卦，此四支中有人元龙者存也。

贪狼原是发来迟，坐向穴中人未知，立宅安坟过两纪，方生贵子好男儿。

【评注】

蒋氏曰：此言天地两元兼收之脉，不当正卦；旁他涵蓄，故力不专，是以迟也。

立宅安坟要合龙，不须拟对好奇峰，主人有礼客尊重，客在西兮主在东。

【评注】

蒋注：山龙真结，必对尊星。而后出脉，或回龙顾祖，或枝干相朝，先有主峰，乃始结穴，故必以朝山为重。非重朝山，正重本身出脉真伪也。

中 篇

天下军州总住空，何须撑着后来龙，时人不识玄机诀，只道后头少撑龙，大凡军州住空龙，便与平洋墓宅同，州县人家住空龙，千军万马悉能容，分明见者犹疑虑，龙不空时非活龙，教君看取州县场，尽是空龙拨摆踪，莫嫌远来无后龙，龙若空时气不空，两水界龙连生窟，穴得水兮何畏风，但看古来卿相地，平洋一穴胜千峰。

【评注】

蒋氏曰：天下军州二语，前篇已经唤醒。杨公之意，犹恐后人见不真，故反复叮咛也。

子午卯酉四山龙，坐对乾坤艮巽宫，莫依八卦阴阳取，阴阳差错败无穷，百二十家渺无诀，此诀玄机大祖宗，来龙须要望龙穴，后若空时必有功，帝座帝车并帝位，帝宫帝殿后当空，万代王侯皆禁断，予今隐出在江东，阴阳若能得遇此，蚯蚓逢之便化龙。

【评注】

蒋氏曰：此明八卦之理，即前子午卯酉、属坎离震兑四卦，乾坤艮巽，又四卦之义也。所谓坐对，非指山向，盖因四正卦与四隅卦两两相对，故说然也。

子午卯酉四山龙，支兼乾出最豪雄，乙辛丁癸单行脉，半吉之时又半凶，坐向乾坤艮巽位，兼辅而成五吉龙。

【评注】

蒋氏曰：此皆杨公隐谜也。

中国传统术数总集 第一辑

辰戌丑末四山坡，甲庚壬丙葬坟多，若依此理无差谬，清贵声名天下多；为官自有起身路，儿孙白屋出登科。八卦不是真妙诀，时师休把口中歌，败绝只因用卦安，何见依卦出高官。阴山阳水皆真吉，下后儿孙祸百端。水若朝来须得水，莫贪远秀好峰峦；审龙若依图诀葬，官职荣华立可观。

【评注】

蒋氏曰：此指四隅龙脉而言。

玄机妙诀有因由，向指山峰细细求，起造安坟依此诀，能令发福出公侯，真向支山寻祖脉，乾神下穴永无忧，寅申巳亥骑龙走，乙辛丁癸水交流，若有此山并此水，白屋科名发不休，昔日孙钟迁此穴，从此声名表万秋。

【评注】

蒋注：通篇皆言平洋，此章乃插入山峰者也。

来龙须看坐正穴，后若空时必有功，州县官衙为格局，必然清显立威雄。范蠡萧何韩信祖，乙辛丁癸足财丰，亥壬竦龙兴祖格，己丙旺相一般同，寅申巳亥等五吉，乙辛丁癸四位通。紫绯书锦何荣显，三牲五鼎受王封，龙回朝祖玄字水，科名榜眼及神童。后空已见前篇诀，穴要窝钳脉到宫，试看州衙及台阁，那面靠着后来龙，砂揖水朝为上格，罗城拥卫穴居中，依图取向无差误，不是王侯即相公。

【评注】

蒋氏曰：后空之旨，屡见篇中，而此章又反复不已者。

天机妙诀本不同，八卦只有一卦通，乾坤艮巽躔何位，乙辛丁癸落何宫，甲庚壬丙来何地，星辰流转要相逢，莫把天罡称妙诀，错将八卦作先宗。乾坤艮巽出官贵，乙辛丁癸田庄位，甲庚壬丙最为荣，下后儿孙出神童，未审何山消此水，合得天心造化工。

【评注】

蒋氏曰：一部宝照经，不下数千言，皆半含半吐，至此忽然漏泄。

五星一诀非真术，城门一诀最为良，识得五星城门诀，立宅安坟定吉昌，堪笑庸愚多慕此，妄将卦例定阴阳，不向龙身观出脉，又从砂水断灾祥，筠松宝照真秘诀，父子虽亲不肯说，若人得遇是前因，天下横行陆地仙。

【评注】

蒋氏曰：前章既言一卦下穴，收山出煞之义，此章又直指城门一诀，杨公此论，真可谓披肝露胆矣。

世人只爱周回好，不知水乱山颠倒，时师但知讲八卦，却把阴阳分两下，阴山只用阳水朝，阴水只用阳山照，俗夫不识天机妙，自把山龙错颠倒，胡行乱作害世人，福未到时祸先到。

【评注】

蒋注：此正丹家所谓玄关一窍也。

阳若无阴定不成，阴若无阳定不生，阳水阴山相配合，儿孙天府早登名。都天大卦总阴阳，玩水观山有主张，能知山情与水意，配合方可论阴阳。

【评注】

蒋注：此节尤为全经倾囊倒夹之言，而泛泛读过，则不觉其妙也。

都天宝照无人得，逢山踏路寻龙脉，前头走到五里山，遇着宾主相交接，欲求富贵顷时来，记取筠松真妙诀。

【评注】

蒋氏曰：上文说到山情水意，都天大卦之理尽矣，此节又赞叹而言也。

天有三奇地六仪，天有九星地九宫，十二地支天干十，干属阳兮支属阴，时师专论这般诀，误尽阎浮世上人。阴阳动静如明得，配合生生妙处寻。

【评注】

蒋氏曰：前节赞叹已足，终篇又引奇门以比论者也。

下　篇

寻得真龙龙虎飞，水城屈曲抱身归，前朝旗鼓马相应，下后离乡着紫衣。

【评注】

蒋氏曰：此节专指山龙而言。

乙字水缠在穴前，下砂收锁穴天然，当中九曲来朝穴，悠扬潴蓄斗量钱，两畔朝归穴后歇，定然龙在水中蟠，若有声为数钱水，催官上马御阶前。安坟最要看中阳，宽抱明堂水聚囊，出夹结成玄字样，朝来鸾凤舞呈祥，外阳起眼人皆见，乙字弯身玉带长，更有内阳坐穴法，神机出处觅神方。水直朝来最不祥，一条直是一条枪，两条名为插胁水，三条说是三刑伤，四水射来为四杀，八水名为八杀殃。直来反去拖刀杀，徒流客死少年亡，时师只说下砂逆，祸来极速怎堪当。嵯叫路街如此样？亟宜迁改免灾殃。前水

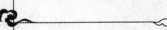

来朝又摆头，淫邪凶恶不知羞。干流自是名绳索，自缢因公败可忧。左边水射长男死，右边水射小儿亡。水直若然当面射，中子离乡死道旁。东西南北水射腰，房房横死绝根苗，贪淫男女风声恶，曲背驼腰家寂寥。左边水反长男绝，离乡忤逆皆因此，右边水反小儿伤，风吹妇女随人走，当面水反中切当，断定房有损伤，左右中反房房绝，切忌坟茔遭此劫。一水裹头名断城，下之虽发未为荣，儿孙久后房房绝，水到砂收反主兴。茶槽之水实堪忧，莫作荫龙一例求，穴前太逼割唇脚，不见荣兮反见愁。玄武摆头有多般，未可悝然执一端，或斜或侧或正出，须凭直节对堂安。摆头直出是分龙，须审何家龙脉踪，大山出脉分三诀，未许专将一路穷。

【评注】

蒋氏曰：自此以下八节，皆平洋水局形体吉凶之辨。

家家坟宅后高悬，太阳不照太阴偏，必主其家多寂寞，男孤女寡实堪怜。

【评注】

蒋氏曰：此节后空之义，因世人都喜后高，故复叮咛如此。

贪武辅弼巨门龙，方可登山细认踪，水去山朝皆有地，不离五吉在其中。破禄廉文凶恶龙，世人坟宅莫相逢，若然误作阴阳宅，纵有奇峰到底凶。

【评注】

蒋氏曰：此专言平洋九星水法。

本山来龙立本向，返吟伏吟祸难当，自缢离乡蛇虎害，作贼充军上法扬，明得三星五吉向，转祸为祥大吉昌。

【评注】

蒋氏曰：此指八卦纳甲而言，不犯本宫，而灾变为祥矣。

龙真穴正误立向，阴阳差错悔吝生，几为奔走赴朝廷，纔到朝廷帝怒形，因师不晓龙何向，坟头下了剥官星。

【评注】

蒋氏曰：此言龙穴虽真，而误立本官之向，阴阳不和也。

寻龙过气寻三节，父母宗枝要分别，孟山须要孟山连，仲山须要仲山接，干奇支偶细推详，节节照定何脉良，若是阳差与阴错，纵吉星辰发不长，一节吉龙一代发，如逢杂乱便参商。

【评注】

蒋注：此反复叮咛，致其深切之意。

先识龙脉认祖宗，蜂腰鹤膝是真踪，要知吉地行龙止，两水相交夹一龙，夫妇同行脉路明，须认刘郎别处寻。平洋大水收小水，不用砂关发福久，水口石似人物形，定出擎天调鼎臣。

【评注】

蒋氏曰：此节专山龙论山龙平洋取法也。

龙若直来不带关，支兼干出是福山，立得吉向无差误，催禄催官指日间。乾坤艮巽脉过凹，节节同行不混淆，向对甲庚壬丙水，儿孙列土更分茅。仲山过脉不带关，三节山水同到前，断定三代出官贵，古人准验无虚言。

【评注】

蒋氏曰：此言四隅龙格。

发龙多向支神取，若是干神又不同；支若载干为夫妇，干若带支是鬼龙；子癸为吉壬子凶，三字真假在其中。乾坤艮巽天然穴，水若当面是真龙；要识真龙结真穴，只在龙脉两三节，三节不乱是真龙，有穴定然奇妙绝。千金难买此玄文，福因遇者毋轻泄，依图立向不差分，荣华富贵无休歇；时师不明勉强扦，虽发不久即败绝。

【评注】

蒋氏曰：发龙多取支神，此乃用支之卦也。

一个星辰一节龙，龙来长短定枯荣，孟仲季山无杂乱，数产人龙上九重，节数多时富贵久，一代风光一节龙。

【评注】

蒋氏曰：此亦论平洋龙神节数，以定世代近远。

总说此篇，乃杨公所著授予黄妙应也，书中见其词微而旨远，言简而意赅，发古人未发之奇阐，前贤不传之秘。全书亦是三卷。上卷申明三元之用，挨星之奥，并言支龙干龙出洋之穴，平洋水龙之穴。中卷又申明上章平洋未尽之义，以终平洋龙穴之变。下卷所言，乃是前二篇未尽之余意。错杂言之，各言一事，文无承接，义无照应，浅者极浅，深者极深，望学者分别观之，自然有得，其中亦有罗盘之用，切勿略过也。

中国传统术数总集 第一辑

青囊序

唐　曾文迪

　　杨公养老看雌雄，天下诸书对不同。先看金龙动不动，次察血脉认来龙。

【评注】

　　俗注辰戌丑未四金，恶煞为金龙者非。

　　龙分两片阴阳取，水对三叉细认踪。

【评注】

　　俗注以两片为左旋右旋，以三叉为生旺墓，非。

　　江南龙来江北望，江西龙去望江东。

【评注】

　　俗注江南午丁未坤为一卦，江北子癸丑艮为一卦，共一父母，江西申庚酉辛戌乾亥壬为一卦，江东寅甲卯乙辰巽巳丙为一卦，共一父母，两卦之中，互相立向者，非。

　　是以圣人卜河洛，瀍涧二水交华嵩，相其阴阳观流泉，卜世卜年宅都宫。晋世景纯传此术，演经立意出玄空，朱雀发原生旺气，一一讲说开愚蒙。

【评注】

俗注龙取生旺之气于穴中，水取生旺之气于穴前，又指气之生旺为长生帝旺墓库，合三叉者，非。

一生二兮二生三，三生万物是玄关，山管山兮水管水，此是阴阳不待言。

【评注】

俗注：生旺墓三合为玄关者，非。

识得阴阳玄妙理，知其衰旺生与死，不问坐山与来水，但逢死气皆无取。先天罗经十二支，后天再用干与维，八干四维辅支位，子母公孙同此推。

【评注】

俗注：子寅辰乾丙乙一龙为公，午申戌坤辛壬二龙为母，卯巳丑艮庚丁三龙为子，酉亥未巽癸甲四龙为孙，非。

二十四山分顺逆，共成四十有八局，五行即在此中分，祖宗却从阴阳出，阳从左边团团转，阴从右路转相通，有人识得阴阳者，何愁大地不相逢。

【评注】

俗注：阳龙左行为顺，阴龙右行为逆，阳亥龙左行为甲木，阴亥龙右行为乙木之类，非。

阳山阳向水流阳，执定此说甚荒唐，阴山阴向水流阴，笑杀拘疑都一般。若能勘破固中理，妙用本来同一体，阴阳相见两为难，一山一水何足言。二十四山双双起，少有时师通此义，五行分布二十四，时师此诀何曾记。

【评注】

俗注：乾亥为一，甲卯为一，丁未为一之类，释双双起者，非。

山上龙神不下水，水里龙神不上山，用此量山与步水，百里江山一响间。

【评注】

俗注：论山用双山五行，从地卦查来龙入首，论水用三合五行，从天卦查水神去来者，非。

更有净阴净阳法，前后八尺不宜杂，斜正受来阴阳取，气乘生旺方无煞。来山起顶须要知，三节四节不须拘，只要龙神得生旺，阴阳却与穴中殊。

【评注】

俗注：以左转右转顺逆为阴阳者，非。

天上星辰似织罗，水交三八要相过，水发城门须要会，劫如湖里雁交鹅。富贵贫贱在水神，水是山家血脉精，山静水动昼夜定，水主财禄山人丁；乾坤艮巽号御街，四大神尊在内排，生克须凭五行布，要识天机玄妙处；乾坤艮巽水长流，吉神先入家豪富。请验一家旧日坟，十坟埋下九坟贫；惟有一家能发福，去水来山尽合情。宗庙本是阴阳元，得四失六难为全；三才六建虽是妙，得三失五尽为偏，盖因一行扰外国，遂把五行颠倒编；以讹传讹竟不明，所以祸福为胡乱。

【评注】

此曾公得杨公所受，洞彻阴阳之理，特著此序以明地学之正诀也。其中首句看雌雄一语，括尽青囊之奥，其言认金龙分两片衰旺生死之说，分局定卦，挨星立向，总不离杨公三卦之妙。经盘之秘，尽是真机流露，非聪明智巧可能推测，亦非宏缆博物所得与闻，会者一言立晓，不知者累牍难明，欲于字句中求之，又河汉矣。市本俗注多讹谬窜改，故特依古本录出，以告学者。

中国传统术数总集 第一辑

天元五歌

清 蒋大鸿

第一、歌论大义

一元浩气含三象，混沌分开气升降。
天清地浊成两仪，阴阳互根气来往。
山川土石象中气，日月星辰气中象。
两气相抱不相离，浊阴本是阳清象。
唯有人为万物灵，品配乾干号参两。
一人自具一阴阳，卓立三才不相让。
元阳本是天中来，形从大地产根荄。
至人父天而母地，此是生成妙化裁。
天元降在地元中，犹如父母媾成胎，
十月婴孩非父职，三年乳哺母之怀，
人生本天而亲地，地灵原是天灵栽。
生时衣食居夏屋，万宝地产名天禄。
由来宅相福生人，帝室皇居壮京国。
死时埋骨归于土，返本还原义反复。

还从地理吸天光，变化蒸嘘露金玉。
炼阴仙客解冲虚，凡骨尤能化百族。
吉成龙凤众灵奇，凶作蛊蚁诸恶毒。
精魂苦乐人不知，但见子孙生祸福。
圣贤仙佛也难逃，帝王将相莫自豪。
各有山川来荫应，今来古往不相饶。
最小千金佣贩子，亦沾微润乐陶陶。
不然无禄并绝世，墓宅不爽争秋毫。
所以圣人重此道，迁幽卜洛何焦劳。
后来名贤朱蔡辈，煌煌书册议最高。
无奈竖儒识见偏，讳言求福云达天。
世上惜财薄葬者，附会此说以文悭。
一旦偷安抛父母，世代凋零百不全。
直使子孙贫夭绝，不孝莫大岂为贤。
覆椁翻棺并腐骨，父母魄魂更堪怜。
世间万事半荒唐，惟有阴阳不可当。
不笑不言三尺土，掌握祸福急如火。
笑人不重祖父坟，只望花开不看根，
僧道乳母且相应，继子外孙如嫡亲。
墓宅吉凶较量看，新坟旧宅亦相参。
墓宅两兴宜鼎盛，宅墓两废绝人烟。
宅凶墓吉儿孙庆，墓凶宅吉眼前欢。
祖父新阡沾煞气，高曾福荫他房去。
寒林忽发一枝荣，若非新宅必新茔。
吉少凶多福来短，吉多凶少祸求轻。
更看尸骸寒与暖，岁久骨枯取效缓。
恶山恶水倘曾埋，销尽阴霾气方转。
初丧新骨天灵完，葬乘生气朝花鲜。

更遇嫩山并嫩水，一纪之内锦衣还。
兼将宅气来相辅，卑田院里出官班。
莫说生来命数奇，地元一得天星移，
此是至人造命诀，二十八宿掌中齐。
莫说穷通有骨相，腾蛇变作双龙样，
此是仙家换骨方，死骨不灰生骨壮。
劝君大地莫误求，大形大局少根由。
纵有千山并万水，与他穴气不相投。
一枝一泡山龙真，一钩一曲水龙神。
肉眼只嫌结局小，个中生意满乾坤。
恨杀时师不识真，常将假局赚他人。
谋占灵坛并旧墓，坏人心术少安宁。
岂知吉地方方有，只在眉头眼下寻。
将生二十慈亲丧，几度拜人求吉葬。
家破多因买地差，身衰半为寻师浪。
幸遇直人无极子，授我玉函法眼藏。
十年冥悟彻元微，万里探奇走烟瘴。
识得天元造化根，花前月下天机放。
此书不是术家书，河洛龟龙太极图。
羲文周孔心相契，夏禹殷箕义不磨。
管郭遗文多伪托，曾杨口诀世间无。
若不传心并传眼，青囊万卷总模糊。
天涯倘遇知音客，留取云阳醉后歌。

第二、山龙篇

昔日华山陈处士，衍成太极传当世。

推原天地未分时，止有坎离水火气。

二气盘亘不相离，清者为天浊者地。

坎离一交成乾坤，制造大圆如冶铸。

黄舆乃是冶中灰，水火煎烹积滓翳。

山情刚燥火所凝，骨骼支撑为砥柱。

昆仑高顶九霄中，此是中天泰帝宫。

海外三山几万里，总与此山脉络通。

阳脉东南来震旦，如人正面向离风。

笃生圣哲临夷夏，迥与肩背不相同。

大干三条分主辅，三条各有帝王龙。

帝穴神龙五百里，若然百里作王公。

但有特龙来数里，亦许功名铸鼎钟。

欲识龙身先识起，龙若起时势无比。

高山万仞削芙蓉，千里层峦皆俯视。

此龙多生火木形，放下群枝行各处。

一枝一叶有龙神，正龙端向中央去。

只把江南大势看，南龙起顶是黄山。

左翼九华开内府，右翼天目蔽东藩。

正龙句曲神仙府，直到金陵龙虎蟠。

山形一起一龙分，数起数分龙益尊。

龙神分去无非穴，正干偏枝力不均。

看龙看起复看断，凡属真龙断复断。

断进百里失真踪，穿江渡海情无限。

山根委曲地中行，不是仙人谁着眼。

识得断龙方识结，结穴元微最难说。

世人求穴近大山，且要案山龙虎夹。

岂知大山龙未歇，纵有窝藏反走泄。

真龙偏结旷野中，踊跃奔腾不怕风。

中国传统术数总集 第一辑

饶他落在深岩里，也要平坡万象空。

好龙勇猛向前奔，从龙不及过关门。

譬若神驹日千里，难将凡马望其尘。

亦似三春抽嫩笋，从龙如箨抱其身。

一朝雷雨千霄长，节高箨落不相亲。

时师只怪无龙虎，真龙真虎穴中锁。

会得天然龙虎时，浪打风吹皆乐土。

龙神节节顾祖宗，如子恋母远相从。

若不祖山为正案，另求特案配雌雄。

百里真龙百里案，宾主威严真匹配。

莫言作案便非龙，但是高峰都不贱。

辨穴先须辨落脉，落脉乃是穴消息。

顶上生峰脉头角，两旁开帐脉羽翼。

粗枝出细好花房，老蚌生珠光滴滴。

也有好龙无脉看，高冈平阜只粗顽。

彼处祖宗多脱卸，数节之前骨相完。

大率真脉有二种，连脉飞脉精神迥。

连脉真踪在本山，飞脉他山复一涌。

本山定是结垂头，他山半作抛珠弄。

也有飞脉远数里，起伏愈多龙愈美。

时师只道余气长，或说罗星水口当。

岂识真龙饶变化，草蛇灰线最难祥。

教君到此须求尽，真龙大尽贵非常。

近山飞脉不嫌土，远山飞脉石中数。

若无真土尽浮泥，恐是人工难证取。

与君细论石中机，石是山精骨髓滋。

时师只怪石无穴，谁道真龙石始奇。

真钳真窝石内藏，真龙真虎石两旁。

识得枕棺龙口石，干山玉乳灌心香。

结穴之石此中推，行龙之石脉胚胎。

不审其中元窍理，满山顽石岂堪裁。

试言结穴有二品，石穴土穴贵相准。

石穴端的是穴钳，慎莫凿伤龙骨髓。

土穴太极晕中抱，内象分明外象隐。

窝钳土色不须论，太极重轮仔细寻。

真土原来石变化，不同凡土五华文。

世人凿穴但求土，若逢凡土枉劳神。

问君下穴有何法，正龙正下是真诀。

时师只说冲脑门，每向龙旁寻倚穴。

精华走失发不全，左右偏枯房房绝。

也有真龙偏侧走，龙是侧来穴是正。

此是神龙一转头，结顶垂头巧相称。

语君结顶是真诀，披肝露胆向君说。

龙不起顶非真龙，穴不起顶非真穴。

结顶名为真穴星，穴星圆晕产真金。

世间万宝金为贵，此是真阳露妙形。

真龙大地皆同体，遇着真金莫放行。

亦有穴星兼四曜，不离金体是真精。

无极天元无别说，只晓真龙并真穴。

识得真龙与真穴，天机造化任我夺。

不得真龙与真穴，我师更有方便法。

旁枝旁脉有来情，只要穴后生一突。

紧粘穴下作穴星，此法名为接气诀。

人丁财禄两丰盈，亦堪众子登黄甲。

君看当今当贵坟，大都接气非真结。

亦有真龙向前行，腰间脊上有三停。

凑着龙身下一穴，此作骑龙斩气名。

真龙余气本非穴，撞背来时气未绝。

亦有龙旁一脉垂，是号流神皆可发。

世人见发说穴真，岂意龙颔剩明月。

嘱君点穴紧中粘，莫嫌凑杀出球檐。

得龙脱脉真元散，受水乘风祸不浅。

我有真人枕中记，说尽葬山诸大忌。

一一分明告世人，广渡群迷长生意。

第一切忌下空窝，空窝积水寒气多。

葬下污沮骨腐烂，子孙绝灭可奈何。

凡有水淋生大咎，左淋长子先不育。

右淋少子少安宁，当背淋来皆莫救。

穴无贴肉若坐空，定有淋漓向穴冲。

水流割脚犹难忍，水若淋头立见凶。

第二切忌下平坦，穴居平坦情真散。

坐后全无贴体星，平坡奔荡生忧患。

第三莫下天风劫，高山顶上空无穴。

高而有穴不为空，无穴天空真劫煞。

八面风摇骨作尘，此是风轮不可说。

第四莫下龙肋背，龙向他行不聚气。

纵然穴后不空虚，墙头壁下无根蒂。

总之真穴少人知，只言怪穴不易窥。

正穴正情原不怪，须将福德合天机。

恨杀堪舆万卷经，当年曾有灭蛮名。

假托曾杨为正诀，不愮蛮夷误后生。

阴阳两净卦中来，阳龙节节是阳胎。

阴龙剥换亦如此，只取清纯向首排。

若是嫩龙终是嫩，乾干辰戌皆英俊。

若是老龙终是老，巽辛亥艮未为宝。
浪说贵阴而贱阳，天下奇龙阡葬少。
五星只取影中形，九星变化亦非真。
撰出后天生与克，岂解先天大五行。
先天五行无生克，一阳变化皆太极。
真木原从火里生，真金本是水中出。
语君休忌克龙胎，木金水火原非逆。
更把方隅分五行，左回右转别阳阴。
生方旺方求高峻，堪笑时师掌上寻。
生龙本有生之情，死龙亦有死之形。
生生死死随龙变，岂在方隅顺逆行。
或取喝形来点穴，此是仙人留记诀。
好穴难将告后人，记取真形揣摹合。
混沌初分即有山，世间万物后来添。
器物衣冠时代异，那得生成太古前。
子微玉髓巧分明，只为峰峦论应星。
若说龙胎真有相，后人虚揣失真情。
山上龙神不下水，先贤真诀分明理。
时师欲抱水来论，衰旺顺逆纷无已。
谁知水法作关山，失水干龙会上天。
直泻直奔皆不忌，虾须蟹眼莫求全。
云阳本是先天老，众说纷纷如电扫。
血泪沾襟歌复泣，天机泄尽谁人晓。

第三、水龙篇

天下平洋大地多，平洋龙法更如何。

世人谈尽平洋诀，都把山龙乱揣摹。

平龙原不与山同，郭璞分明说水龙。

水龙一卷从来秘，不敢轻传泄化机。

我代云阳行普渡，一言万古业鸿蒙。

神呵鬼责甘心受，造福生民在掌中。

山形来落有根原，大地平铺一片毡。

首尾去来无定所，分枝过峡不须言。

莫把高低寻起伏，休猜度水复穿田。

山是纯阳神在骨，地是纯阴精在血。

山常葬骨不离肉，地惟葬肉不离血。

人言生气地中求，岂知地气水边流。

流到水边逢水界，平原浩气尽兜收。

水龙原不异山龙，将水作山以类从。

水龙即是山龙样，支干分行事事同。

大江大河干龙形，小溪小涧支龙情。

干水奔荡少真穴，犹如高山无正结。

支水屈曲情相得，譬若成胎有落脉。

山性本火主炎上，水性纯水主润下。

炎上高起是真龙，润下低蓄是朝宗。

山穴后高丁禄盛，水穴后高绝无踪。

自上而下山之止，自外入内水之止。

山来多止止求真，水来多止止贵神。

若是止形皆可穴，顽山顽水尽黄金。

我有水龙真要诀，水行有转是真结。

直来直去龙之僵，有弯有动龙之活。

一转名为抱穴龙，抱穴富贵在其中。

二转三转贵不歇，四转卿相不须说。

转处不分名息道，转入分流名漏道。

惟有息道是真龙，漏道多转总成空。
转水不漏皆堪穴，不必止处求尽结。
尽结原来是龙头，转处腰腹亦兼收。
龙头偏侧俱精妙，腰腹完全力始悠。
求全不必水来多，一道单缠养太和。
更有沓龙从外护，愈多愈美酒添酥。
虽取群龙为辅佐，还从一道作龙窠。
别有雌雄两道交，交时却似马同槽。
此是水龙奇妙格，相吞相恋福多饶。
水中亦有穴龙星，五曜时时现正形。
五曜只求金水土，木星有转水之情。
直木火星皆最忌，水形吞吐露金精。
若应三垣交列宿，官阶品职自分明。
但取穴星亲切处，不离金土蕴真灵。
五星论定穴应裁，三法千秋慧眼开。
坐水骑龙为上格，挟龙依水亦佳哉。
向水攀龙非不美，后山有水始无衰。
挂角并兼三法定，莫亲漏道损龙胎。
龙胎虽固称人心，远水安坟死气侵。
沾着水痕扦贴肉，阴阳交度自生春。
平原春到好栽花，挹注盈虚气脉赊。
真水短时结气短，真水长时实可夸。
长龙定主源源贵，短龙只许富豪家。
平气不如环气足，龙逢转处发萌芽。
更有一端分别处，浅深涧狭辨龙车。
水若乘车号秀龙，空车湖荡是痴龙。
得运痴龙能富贵，外情内气要相通。
带秀痴龙尤显赫，痴龙后荫福无穷。

中国传统术数总集 第一辑

从来水路后天成，不同山骨先天生。
山骨补培终不应，水脉疏浚引真情。
当年无着修龙法，修着这时旦夕灵。
莫道人工逊天巧，江河淮泗万功平。
水龙剖尽骨生香，入用元机不可量。
八卦三元并九曜，毫厘舛错落空亡。
问君八卦如何取，洛书大数先天矩。
五帝三王纬地书，九州九井多经纪。
只把九龙一卦装，莫凭三分八条理。
但要九龙龙骨真，骨若不真飞不起。
九龙八卦贵乘时，上中下元各有宜。
葬着旺龙当代发，葬着平龙发迹迟。
葬着死龙尤败绝，纵然合格也难支。
不是八神齐到穴，出元之局莫相依。
定穴惟看贴水城，毫厘尺寸要分明。
更有照神能夺气，外洋光透失宫星。
宫星若重平分势，照神若重独持衡。
外照过多分气乱，必定分房运改更。
更有水龙真骨髓，只将对脉论来情。
来情若在真元位，诸局参差一半轻。
转折短长纯杂处，此中消息眼惺惺。
三元既辨龙神旺，九曜不纯龙力衰。
此是山家大五行，山水卦爻应天象。
五星二曜转乾坤，禀命天枢造化根。
在天北斗司元气，在地八卦显天心。
四吉四正分顺逆，父母二卦颠倒轮。
向首一星灾祸柄，去来二口死生门。
青囊万卷无非假，惟有天玉是真经。

玄空洪范并三合，八曜黄泉枉问津。

尤恨去来生旺墓，害人父母绝儿孙。

能将九曜为喉舌，大地干干一口吞。

更说高原无水地，亦有隐穴在其际。

乘高临下即江河，万顷低田能界气。

高低数尺合三元，一旦繁华诸福至。

若坐低空在后山，数世箕裘常不替。

江北中同平地龙，无山切莫强寻踪。

虽是干龙无水通，沟渠点滴有神功。

隐隐微茫看水气，葬法实与江南同。

我向干流指真水，能使上士开心胸。

高山坦处近平田，莫作山龙一样看。

若逼干流或水际，亦将此法论三元。

云阳留得三元诀，欲向人间种善因。

语君葬水胜葬山，葬册岁久气方还。

水葬吉龙并旺运，三年九载透天关。

山本阳精中抱阴，阴精是水阳内存。

葬阳得阴阴渐长，葬阴得阳阳骤伸。

杨公昔日救贫法，但取三元龙水合。

王侯将相此中求，无着禅师亲口诀。

杜陵狂客不胜愁，四十无家浪白头。

只为寻山贪干气，苍苔古道浸淹留。

水龙一卷赠知己，大地阳春及早收。

第四、阳宅篇

人生最重是阳基，却与坟茔福力齐。

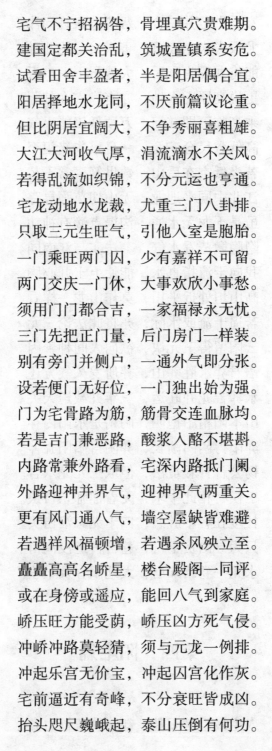

宅气不宁招祸咎，骨埋真穴贵难期。

建国定都关治乱，筑城置镇系安危。

试看田舍丰盈者，半是阳居偶合宜。

阳居择地水龙同，不厌前篇议论重。

但比阴居宜阔大，不争秀丽喜粗雄。

大江大河收气厚，涓流滴水不关风。

若得乱流如织锦，不分元运也亨通。

宅龙动地水龙裁，尤重三门八卦排。

只取三元生旺气，引他入室是胞胎。

一门乘旺两门囚，少有嘉祥不可留。

两门交庆一门休，大事欢欣小事愁。

须用门门都合吉，一家福禄永无忧。

三门先把正门量，后门房门一样装。

别有旁门并侧户，一通外气即分张。

设若便门无好位，一门独出始为强。

门为宅骨路为筋，筋骨交连血脉均。

若是吉门兼恶路，酸浆入酪不堪斟。

内路常兼外路看，宅深内路抵门阑。

外路迎神并界气，迎神界气两重关。

更有风门通八气，墙空屋缺皆难避。

若遇祥风福顿增，若遇杀风殃立至。

蠢蠢高高名峤星，楼台殿阁一同评。

或在身傍或遥应，能回八气到家庭。

峤压旺方能受荫，峤压凶方死气侵。

冲峤冲路莫轻猜，须与元龙一例排。

冲起乐宫无价宝，冲起囚宫化作灰。

宅前逼近有奇峰，不分衰旺皆成凶。

抬头咫尺巍峨起，泰山压倒有何功。

村居旷荡无关锁，地水兼门一同取。

城巷稠居地水稀，路衢门峤并司权。

一到分房宅气改，一门恒作两门推。

有时内路作外路，入室私门是握机。

当辨亲疏并远近，抽爻换象出神奇。

论屋神祠理最严，古人营造庙为先。

夫妇内房尤特重，阴阳配合宅根源。

八宅因门坐向空，三元衰旺定真踪。

运遇迁移宅气改，人家兴废巧相逢。

此是周公真八宅，无着大士流传的。

天医福德莫安排，只好游年断时日。

逢兴鬼绝更昌隆，遇替生延皆困迫。

太岁神杀若加临，祸福当关如霹雳。

门内间间有宅神，值神值星交互测。

此是游年剖断机，不合三元总虚掷。

九星层进论高低，间架先天卦数推。

虽有书传都不验，漫劳大匠用心机。

山龙宅法有何功，四面山围亦辨风，

或有山溪来界合，兼风兼水两相从。

若论来龙休论结，论结藏穴不藏宫。

纵使皇都与郡会，只审开阳不审龙。

俗言龙去结阳宅，此是时师俗见庸。

欲取阳居酿家福，山居不及泽居雄。

阴居荫骨及儿孙，阳宅氤氲养此身。

偶尔侨居并客馆，庵堂香火有神灵。

遇着三元轮转气，吉凶如响不容情。

透明此卷天元宅，一到人家识废兴。

第五、造命篇

地理天时古圣言，堪舆二字义相连。
浪说江南无大地，但取年月日时利。
真龙大地偏江南，也要天时一力参。
初年祸福天时验，岁久方知地有权。
诸家选择最纷纭，拘忌多端误杀人。
此家言吉彼家凶，对尽诸书总不同。
五载三年精一日，万般福泽总成空。
古来天子七月葬，士庶逾月礼不旷。
年月何曾有兴废，日时只好论孤旺。
春秋葬日满经书，但辨刚柔内外宜。
神宠梓慎俱传物，岂昧阴阳误万机。
诸书克择尽荒唐，斗首元辰失主张。
奇遁演禽皆倒乱，不经神授莫猜洋。
世人克择重干支，生辰化命苦相持。
致使子孙冲犯众，多年不葬孝心违。
岂知死者已无命，反气入地为复命。
复命能施造化权，生者命从葬者定。
故有仙人造命诀，不是干支子平法。
浑天宝照候天星，此是杨公亲口诀。
不怕三煞太岁神，阴府空亡俱抹杀。
年克压命有何妨，退煞金神皆能发。
一卷天元乌兔经，留与人间作宝筏。
推原天地混沌成，惟有日月是真精。

金乌玉兔本一物，五星四气从此生。

人生禀受太阳气，万物皆是阴阳荫。

圣人观象衍历法，干支甲子作天经。

五行俱是阳中气，神煞何曾另有名。

只将日月司元化，万物生机握掌心。

世间万物皆有命，不但生人男女定。

造物制器可同推，修造埋葬咸取证。

日月五星大象同，一时八刻一移宫。

造命玄机时作主，毫厘千里不相通。

先将昼夜别阴阳，昼夜晨昏出没详。

十二宫中三十度，大约六度是分疆。

盈缩授时毫末细，量天广尺未能量。

二十八宿七政明，论宫论度要分明。

深则论宫浅论度，一分一秒不容轻。

命入躔度变五气，日月随命分五行。

五曜四余扶日月，生克衰旺准天平。

最取用星为福曜，有恩有用作千城。

用若专权为上格，忌星一杂福斯轻。

用曜一星落何处，阳时阴候分边际。

冬夏二至阴阳极，春秋二分是平气。

平气阴阳用可兼，犹看昼夜与宫垣。

略过平气阴阳别，当极之时祸福端。

阳令惟求金孛水，阴令惟用火与土。

秋木独宜水兼孛，春土火罗金计土。

春在分后须阴助，秋在分后宜阳辅。

宫辰星体两兼收，度前度后要深求。

尤向五星探伏现，逆来顺气并迟留。

三方对照紧相随，同宫隔宫一例推。

中国传统术数总集 第一辑

拱夹有情权力大，日月交授格尤奇。
身当旺令不须恩，但将用曜作根源。
平令独恩难发达，衰时得令尚无愆。
以恩为用真至宝，以难为用多颠倒。
以恩为忌寿而贫，以难为忌身不保。
本宫端的管初年，宫若不纯须舍旃。
必取宫身俱妙合，长安花满任扬鞭。
就中暗曜最难知，空地翻同实地施。
寅戌两宫光在午，丑亥二曜子中依。
更有横天交气法，寅申有曜亥中思。
巳丑卯宫亥未酉，短长多少度中移。
果老星宗此的传，星书卷卷失真诠。
诸般格局皆虚假，升殿入垣莫挂牵。
月逢晦朔皆为福，何必蟾宫三五圆。
但忌阴阳当薄蚀，七日之内勿争先。
太白昼见经天日，难思洪灾恩失权。
日魂月魄命之根，五德五星应五伦。
掌握乾坤惟此理，玑衡经纬治斯民。
刘公昔日真知此，佐命行军扫大荒。
无奈星家多失学，增添宜忌漫平章。
天元秘宝今朝启，传与义和佐盛唐。

地理归厚禄

明 冷谦著

《归厚录》原文据说为明冷谦所著，后经蒋大鸿加以补注。蒋氏对《归厚录》之批注，其用心特深。观乎全书，巨观如国家与城镇之兴衰，微则及于一家一宅之兴废，均可由是书之篇章内研求得之。惟世人每多着眼于所谓秘诀之追求，反忽略了一些垂手可得的好文章；多喜寻求快捷方式，追寻秘本，以为独传秘本在手，则可一夕了悟天地间风水之玄机，却将一些前贤之宝贵心得与数据，弃若蔽屣，殊为可惜。本文言简意赅，体例井然，诸法尽赅，若能融会贯通，则将直登地理之大堂。

化气章

一元氤氲，生天立地。化充万物，惟人为贵。
阳精天降，阴魄地载。阴魄是骨，阳精为气。
两仪备经，五行全器。乃具三才，乾坤始立。
天有混劫，人有死年。升阳还虚，留阴返泉。

中国传统术数总集 第一辑

是曰归藏，葬礼具焉。金玉非宝，石椁非坚。

苟求厚葬，择地为先。既得吉兆，裸葬何嫌。

地之真气，与天元符。与魂魄合，返气涵濡。

二曜周环，五行相摩。精华蕴结，枯骸复生。

灵魂休畅，翔步玄都。子孙精魂，祖父俾昌。

如彼草木，布种在秧。根荄膏泽，枝叶光芒。

其本若发，枯落天狂。吾观凶葬，棺椁覆崩。

蝼蚁所食，寒泉所凝。狐狸蛇蝎，窟穴是凭。

骨化怪异，冥顽不灵。子孙绝灭，宗祀便倾。

此理不诬，贤圣所教。尽性穷理，造端地窍。

世有竖儒，高视远蹈。不相厥宜，弃亲于道。

且说祸福，上士共笑。诋意覆宗，翻成不孝。

亦有狂且，狎行天暴。否德不藏，侈求地道。

屈指轻谋，终无明效。惟彼哲士，体道通元。

地名法象，心曰先天。先天已立，法象用全。

心为天地，诏我俊贤。

【评注】

此章言人与天地同是一元之气所生，人身有一天地，具阴阳五行之妙既殁，阳气上升于天所存躯窍，即是阴魄，复以之归藏于地，所谓葬也。既葬之后，又得日月五行陶铸之灵，生其既死之魄，枯骨复生。人子能善安其父母祖先至阴之魄，则魂变真阳，飞升天表。此孝道之最大者也。子孙精魄，即祖宗之精魄，故死者受气，坐者荣昌，此根本枝叶，一气相通，不易之至理也。上之为圣为贤，虽于性命立极，宜非阴阳所能拘，然必其先人能受山川淑之气秀，而后乾坤道宝，萃于其躬，下此而富贵名寿，无一非地之所司。古之大儒，首推此义，惟以安亲报本，原非邀福私心。然祖宗一气相感，先灵之安与不安，托之渺茫，无从可验，故即于子孙之隆替，卜祖宗之安危。世儒动曰：我非求福，惟以人士为安。辄以委之凶地，或至翻棺覆椁，蝼蚁寒泉之侵骨，质化为怪物，祖宗阴魄消散灭绝，致有覆宗绝祀之祸，岂非不孝之大者乎？然大德受大地，小德受小地，不德受恶地，天有一定之律，若狂人不知修德，妄希大地，鬼神必塞其聪，将以凶为吉，转祸成殃，良可恨也。盖心是太极地象，阴阳太极，既妙两义，是从山河大地，总是一心所化见。苟能修德存心，则我本来之地，已见自然而得佳境。此我即先天之学，万事万物生乎心，立乎阴阳五行之先者。故又归乎心地，殷殷致戒说。

分用章

　　稽古鸿蒙，未分天地。升降虚玄，水火二气。
　　坎离一交，乾坤成位。阳辟阴阖，刚柔相济。
　　结为山居，融为川逝。石是地骨，水是地血。
　　葬山依骨，葬在依血。山若离骨，水泉砂砾。
　　地若离血，泻卤硗确。山若多石，地亦多水。
　　多石之处，葬皆不美。多水之地，吉凶难理。
　　石多则乱，水多则涣。石乱难降，水涣皆叛。
　　乱石勿葬，涣水勿酌。可葬之乱，乱而不窜。
　　可酌之涣，涣而不散。不窜不涣，大会之断。
　　骨体坚定，水脉流行。坚不可伤，流不可凝。
　　疏沦宣遵，合与性成。言龙言脉，皆是强名。
　　至人察之，觉照孔明。

【评注】

　　此章言乾坤，人知交而为坎离，不知混沌之先，未有天地，不成乾坤，止有水火二气，为真阴真阳。升降虚无之表，随元上下，道家所谓梵气是也。此气摩荡不已，其清虚者，日上而为天，重浊者，日下而为地。所谓坎离一交，而乾坤成矣。然乾坤之体，虽判然二物，而乾坤之气，则日夜交媾而不已。一辟一阖，互为刚柔。刚者为山，柔者为川。石乃地之骨，水乃地之血，人禀水火之气以生，故其死也，骨血复还于水土。制为葬法，葬高山则石是生气，葬平地则水是生气。得生气则吉，失生气则凶。然高山在在有石，平地在在有水，亦有葬石葬水犹不能获吉者，何也？知水石而不知水与石之用也，石多则粗顽驳杂，水多则脉乱纷驰，所以不吉。亦竟有杂乱而为地者，必杂中有清，乱中有理，散中有聚故也。今人但知葬乘龙脉，不知高山石龙，则有脉可循。平洋一片，有何脉息，只以水之流动处为龙，所谓山群以山为龙，水群以水为龙也。人能于水中求龙，不以地之实处求过峡，脉息转关剥换，则得平洋之真诀矣。凡山脉之坚刚，乃天造地设，一定不移，葬法丝毫不可亏损，任其自然，无容强作。水则动而不静，流而不息，原无定迹，可变吉为凶，亦可变凶为吉。局既定，不妨小小改作，以就内局，当填则填，当浚则浚。既填既浚之局，与天生之局，浑合为一，初无缺陷，所谓裁成辅相，能夺神功，改天命之作用也。且水既以动为用，理当遵之使行，所以去水之地，愈去愈清，愈清愈美。时师不知，以蓄水为得阴，乃从下流禁遏，尾闾不通，血脉不贯，便成死龙矣。盖因平洋惟以水为真气，得此真气，其发福速于山龙。天一生水，是坎中一点真阳，化生万物，故木非水不滋，金非水不清，土非水不润，火非水不相济，则燥极而自息灭矣。五行以水为本，此即先天之妙，万化不穷者也。平洋舍水而言龙脉，乃是强立之名，不可拘泥。然非至人，孰能究其精微也哉？

枝干章

水既成龙，番分枝干。大江千里，起祖之基。

百里千里，宗脉流澌。一里半里，小枝是依。

气接大干，建国封圻。气接小干，公卿累累。

气接大枝，甲第逢时。气接小枝，富庶可期。

屈曲生龙，钟灵孕奇。径直死龙，志如土灰。

潆潆痴龙，纵福易衰。条条见龙，雷奋云飞。

单龙生羽，自交自孳。双龙并驾，乐得雄雌。

一龙众子，并蒂连枝。包胎之厚，元精未亏。

慎勿贪干，干老则危。干复生枝，其干乃滋。

慎勿弃枝，愈细愈宜。一枝独荣，从枝皆辉。

从枝同荣，远干悉随。干之动处，始有枝萦。

枝之合处，干气不离。来者为公，去者为私。

公是过客，私是主持。从水难聚，一水发机。

发机之所，与从不齐。名曰化气，嘘吸归脐。

微茫秒忽，太极所胚。此是玄窍，妙入希夷。

希夷有朕，非神勿窥。

【评注】

此承上章言，既以水为龙，则水便分枝干，千里百里，皆以得水远而大者为干，得水近而小者为枝，而福力分焉。然必屈曲活动，而后谓之龙，不然，虽有水而尽属死气，枝干皆不可扞。若半死半生，则弃死而就生，亦可发达。亦可大湖大荡，略有兜收，而内气未及深秀，沙体不甚玲珑，谓之痴龙。亦能大发悠悠之水，有首有尾，关系紧密，望之可见，名曰见龙，遇时升腾，可以发达。单行之水，虽少辅佐，只要本身转身旋绕，或另生枝节，便是羽翼，其气自然交媾，虽单不独。双龙雌雄交配，久而不替，更不待言，亦有一条单水，其间兜收不一，行如瓜藤，止若节包，一地之上，或二穴三穴，不可限数，此龙胎气深厚，故养育从多，只要各自成局，主客相应，此既能收，彼亦能揽，亦无减力之患，同迁并发，不相违背。今人但知干龙之贵，不知干老反不生育，须干上又能生枝，然后干气始籍枝融液。枝能接受干气，不使走作，如老夫得少女，枯木生柔枝，而后能怀孕生子，开花结果。小枝与大干不同，疑其气薄而力弱，不知脱卸深藏，愈细愈妙。但此三三两两，六六五五，等质齐量，不相统摄，又不能成地。必有一水独结，而从水皆为其用。若能使从枝翼卫一枝，则是极大结局，并远来干水，亦皆环绕朝迎，全力凝注在此，此上等龙也。干之动处二语，是上文慎勿贪干四语之意。枝之合处二语，是上文慎勿弃枝六语之意。来者指通行之本而言。虽大聚亦是从人共得之水，故曰公。公者但可借为外秀，故曰客。去者，指滨底中流出之水，虽一滴亦是本官元辰，精华妙液，紧贴吾身，故曰私，私则讬命于斯，将此真气为将帅，以控制八方砂水共为兵卒，故曰主。持由此言之，众水虽是吉局，此非一水，全无灵应，然则发众水之机者，此一水也。若此水而亦与众水同其长短，同其形势，又安知孰为主，孰为客哉？必也众大独小，众小独大，众长独短，众短独长，众直独曲，众曲独直，众斜独正，众正独斜，众死独活，而后主气独聚于此，此为真龙而余者皆其辅佐也。但此水之妙，在微茫秒忽之间，即造化之太极，人身之玄窍，变变化化，皆从此出，故曰化气。世视遇之，迷茫恍惚，无从致辨，不知确乎，有可见之形，可据之理，非幻泡之谈，学者神而明之可也。盖论此章大旨，言无枝水不成化气，纵有大局，亦不可取，其叮咛告戒之意切矣。

辨象章

天有列星，地有群生。群生之体，因宿象形。

无精不曜，无貌不星。山星易晓，水星难明。

吾为指出，觉尔迷程。圆者金形，直者木体，

锐者火象，曲者为水，方正端平，中央土轨。

五行之中，各有趋避，或独或兼，变化不计。

不惟五曜，亦有星垣。五曜散陈，得一则尊，

星垣合义，倚盖拱门。三垣帝座，二十八藩，

藩中一司，座下一官。有类之者，执惠秉权，

随星主用，以效灵源。星垣下降，化为物列，

为龙为象，为龟为鳖，或似鸟翔，或似兽结，

或象制器，或象宝玦。万类千章，不可名说。

女贵男荣，文僚武列，名蕴祥富，宜经分别。

垣主外事，星主内气，垣不得星，垣为虚气，

星不得垣，星能自制。若借外垣，威灵不世。

语子渊微，当识本计，识星为先，莫贪垣势。

【评注】

　　天垂象，圣人则之。五帝三王，朝常典制，生民日用，皆天象所具。飞潜动植之物，亦莫不然。惟地承天之所有，上应天象，山形有天星，水形亦有天星，人但知山星，不知水星，且有专以地形名星，所谓眠倒星华，坚起看者，亦未能明其本旨，故指出水星，以觉群迷。此救世之津梁，人间之福鼎宝筏也。五星各有本形，穴中惟取金土，乃为正结，水须剪裁，木星穴外，变出为佳，火星忌

用，但可外砂。然五星之体，随形变化，亦有兼独不同。圣者晓彻五星独体，则兼体自可触类引伸，故不必琐言主以记之。盖因两仪之中，止有五形，所以一事一物，无不备具其象，人得一星之精华，便可全五行之妙用矣。天象五星为纬，二十八宿为经，而三垣者，又其主宰也，然垣宿亦不离五星，水龙兼得数星，即成垣宿之象，又借外水以为盖照，倚抱构成堂宇，广辟门墙，即是垣局。三垣列宿，亦不必具其全角，或如鸟兽制器等象，能于其中，得其一宿，贵秀已贵。群表垣宿，主验即以象取之，类应之，能上应垣宿，即下应万事，官之崇卑，职之文武，惟义所凭，。总之外有垣局，不可无内星以立穴。既有穴星，即不可合垣局，而元气周围，发福无疑。故戒学者，先须近察穴星，不可远贪垣局，亦与上章枝干之论，表里发明尔。

胎息章

龙以干行，穴以枝结。结龙之水，更辨胎息。
干水有息，干气已钟。枝水无息，枝气终穷。
何谓息道，观水转环。转处不分，元精内涵。
一转一息，一息成胎。息多胎足，旁转云雷。
若见分流，内还外掉。滋液渗泄，物华中耗。
虽有转形，正属漏道。息道气聚，交雄媾雌，
漏道气散。风瘦鸢饥，惑此二道，龙穴安知。

【评注】

前章既分水龙枝干，此又申明枝水干水，各有结与不结。不得概以枝水即是结气也。若是胎息，虽属干水，亦为结气，若无胎

息，虽是枝水，亦为不结。息道者，水之曲转环抱处也。然转处又须毫无渗漏，乃为真息。盖因水一转其气一蓄，若有三四转者，其地之真气，蓄养纯全，胎元满足，葬下立发，福泽悠久，云雷变化，定产贤才。倘水转处，又有分流，则尤气不聚，谓之漏道，无有龙胎矣。大都干水有龙，枝水积穴，须干有息道，而后枝穴气厚。小干有胎息，亦可立穴，不必皆枝也。若无息道，并不名龙，何可求穴。人但知曲水为秀，更认流通会合之处，为龙神蓄聚，终不知漏道之义。滔滔天下，无非盲瞽，岂不衰哉。

乘龙章

气就形成，何法乘之。乘龙之法，弘农所遗。
龙有首身，龙有背腹。龙有角尾，龙有掌足。
身是龙行，首是龙止。水转为腹，去水为尾。
短浅小枝，掌足是比。干龙方行，转多气重。
法葬其腹，与枝同功。最忌背脊，形如反弓。
水若局大，虽腹难容。复求枝水，转干藏风。
母龙乳子，其乐融融。大结之葬，龙产豪雄。
枝龙息处，气聚于首。百卉花开，为梢所有。
方葬其尔，圆葬其口。最忌目角，项顶并昝。
枝尽飞窜，见首反媿。求腹取裁，情视其受，
干上小枝，掌足之形。葬法半尽，悬殊肘停。
忌葬其爪，太过斯倾。亦忌葬胫，不及则崩。
详求真息，三格得平。

【评注】

上章既明胎息真气，此复详其形势，龙穴之道，思过半矣。然

其间乘龙裁穴，下手工夫，晋宏农太守郭景纯之遗法，至今存也。其法以干水行者为龙身，以枝水止者为龙首，以干水去口处为龙尾，以干水曲转处为龙腹，以小枝短浅者为龙掌足。此皆因象取义，无以辞害意。干水虽是行龙，若有转抱，则真气藏蓄，胎元已足，就腹作穴，与枝水力量相等。即前章所谓干水有息，干气已钟之称谓也。若夫弯曲向外反张之处，象龙背脊，全无包藏蓄聚之处，不可下穴，然干水下穴，穴地相距十余丈，乃可就腹取裁，又必视其龙力大小何如。若龙力小而穴地阔，至二三十丈之远，便为江河，只堪为行龙之地，不堪为结穴之区。倘就腹下穴，虽环抱亦不发福，所谓干龙气散难求穴也。须别寻近干枝水藏风之地，以干水来龙为母，枝水界抱为子，斯得乳养之道，乃为大地，定出豪杰之人。夫枝龙之所以取近结者，以龙身长远，到尽处环转，如草木稍花发越露于止处，脉尽而气钟也。其形方者，两旁有耳皆可下穴，从宽酌取，其形圆者，圆处有口，止下一穴，至于止水锋旁，是为龙目，其水偏射止水锋旁之外，必有两角，是为龙角，水直冲过，此皆火木之交，断不可穴。其转水环抱之外，形象项顶，其势反背，如龙逆鳞，岂可撄之也乎。亦有枝水尽处，其形塊拙，斜飞反窜，不成吉星者，虽是龙首，不可作用，须就枝腹可受之处立穴，又不可拘定尽节也。更有干水小枝，水道短浅，不成龙身，止作行龙掌足，其立穴，又不可求尽，盖因来脉不远，兜收不深到尽处反无力也。穴下半尽之处，是为气钟之所，此名肘上悬珠，其大尽处为爪，曲突处为胫，此则一为太过，一为不及，皆不可穴。葬法虽有干龙、大枝、小枝三格之不同，总以息道为凭，则三格皆得其平矣。再三嘱咐，而要归本于真息，学者当加意焉。

驭极章

穴以御龙，曰惟三极。据水在后，骑龙之格。
倚水在旁，挟龙于肋。亲水面前，攀龙之的。
若设四隅，不离三式。依形化裁，因势取则。
上格骑龙，气荫脑宫。中格挟龙，透肋当胸。
攀龙涌泉，久久蒸通。二法虽亚，但贵气钟。
气钟之穴，与上齐功。更有后荫，其效无穷。
我扶其微，天惊地震。气周八国，要取后荫。
至道根荄，造化所吝。人秉元阳，神藏泥丸。
泥丸九宫，太乙宅焉。比及物化，魂升于天。
元精未灭，天灵伏潜。水若荫脑，养魂得全。
骨朽复荣，魂散再圆。子若悟之，神超象先。
葬山首邱，葬水首流。山脉接首，与山比道。
水脉接首，与水比悠。后荫之法，微分远近。
迥白抱黄，纡徐环荫。息道后抱，哉生月满。
漏道后抱，魄死光断。三极一元，真胎自全。

【评注】

龙穴既定，而坐向所以统御龙穴者也，其法有三，一曰骑龙格，一曰攀龙格，若穴落四隅，因势力向近前者为攀龙，近左右者为挟龙，近后者为骑龙。总不出此三格。盖因骑龙格，后水正荫脑宫，格为最上。挟龙格，水注在旁，气从侧来，透在胸肋，法次之。攀龙格，水在穴前，气入涌泉，其荫稍缓，法又次之。二格虽不及骑龙，只要气钟，与骑龙格亦相伯仲。若立穴处，倚水面前，而外局但与后抱，即与骑龙一体。夫此穴后水抱之法，千古不传，特为指出，功夺造化。然乾坤元气，周流八方，若不取其后荫，其气与我不亲。盖因人身一小天地，元首象天，故曰泥丸，此乃人之阳神所楼之处。泥丸分宫有九，诸天帝君所都之境也。人之死也，魂升于天，从泥丸而出，然身虽死，而元精尚存，天灵潜伏，一得天一真阳，水气灌注，荫养天魂再生，死者不死，而子孙蒙其福泽矣。人子能悟此道，岂非起死回生，改天命之作用乎？夫葬法未有不归重于天灵，葬山则顶接山木，而后山之气，斯为吾有，而与山比道矣。葬水则顶接水脉，而后水之气，斯为吾有，而与水比悠矣。未闻葬山者向山立穴，则知葬水者之背水为谬也。倚水穴气自旁入，由胸肋透入天灵，向水穴，气自涌泉入。徐徐贯入天灵，二者精校，疏应校缓，必须皆有水，后抱兜收胎息之气，然后真息之自旁而来者，自前而来者，一遇后荫，气归脑宫，所以与乘龙一体也。夫后荫非穴后有水即为后荫，须后抱者，是息道之水，应哉生明，其气贯入天灵，无有不发。若后抱是漏道之水，其形虽抱，空抱而已，应哉生魄，胸宫气泄，如何能发。是故息道在后，漏道在前，名为坐生朝死，富贵之穴。若息道在前，漏道在后，名为坐死朝生，纵有吉气入穴，小发而已，不旋踵而消灭矣。

局气章

局气之理，水注土授。亲水于离，坎脉其有。
亲水于兑，震气入口。以及八宫，宫宫可祖。
土雌水雄，相为牝牡。亦有变化，以疏夺亲。
浮光露影，地气转轮。亲水在干，疏水在坤。
内气是巽，外气艮分。八宫化见，二耦三邻。

但有水见，气即交侵。两枝连理，骈拇双娠。

莫斜一局，失命衰身。大小轻重，以另主宾。

亲者宫气，疏者照神。照神有二，接目斯真。

满照潴积，动照通津。照本宾位，宫是主人。

主势刚强，骄客伏驯。宾势盛大，主权不振。

主宾交动，此谢彼新。详其远近，以时屈伸。

秉气之法，莫为汝泯。

【评注】

八宫立穴收气之法，本以贴身接气之水为注授，雌雄交媾而成穴也。亲离水为坎气，亲兑水为震气，八宫例同。亦有变化为局者，局外特出疏远之水，浮光露影，夺其局中之气。如贴干水立局，本是巽气，而坤宫复有水见，则为内巽外艮。凡八宫中立一局，有他局水相见，不能夺本局之气。至于三三两两，参差互见，无不皆然。若只就近穴一局而论，如葬兑变震，葬巽变兑，中元必败，求生得死，求盛反衰，未有不失身丧命者。今人但知有合元之地，岂知有失元之气以夺之乎。其中必要审其大小轻重，以断宾主相胜之数。盖因亲水内局，是为宫神，疏水外局，是为照神，照神亦有二等，流通曲折者，为动照，荡洋积潴者，为满照。二照力均，总以视所见者为真神，望之不见者，则无论矣。夫宫神为主，照神为宾，本是定位，然须宫神水道深涧，更是重重息道，聚气之局，而后主势刚健，外来照神，终是浮气，不能夺之，故主局元中不被其害。若照神之气，过于宫神，则宫神微薄弱，主不能制强宾，虽当主局旺元，亦难求发，直待照神所旺之元，乃始畅达。亦有宫神照神，主宾齐动，则一局萎谢，一局更新，反成三元不败之地。更须参其尺度远近，以决发福之先后。大抵地气应自近者，始宜于本元水近，他元水远，然后下葬，自近及远，以渐荫发。若本元之水远，而他元之水反近，则初葬之时，虽有照神控制，终嫌本

局不得旺气，难求速效矣。

星符章

先天一气，化为玄星，端拱紫微，以执天纲。
尊星帝座，与七同行。化成辅弼，阴扶斗罡。
北极至阴，实秉至阳。坎中一气，先天干藏。
主司六合，旋干无疆。八卦之母，宿星之王。
斟酌元气，发育万方。地之嘘吸，虽发黄泉。
地方之位，上合苍天。虚位辰次，水位宿躔。
斗精所化，委委原原。运此九曜，以符九宫。
是大五行，名曰玄空。父母交欢，子女继宗。
行行相比，位位相从。颠倒错乱，不同而同。
地之九宫，即天九曜。白紫分飞，余色映照。
二卦迭推，潜符默导。消纳从天，厥有父道。
向息从地，如母是劝。天道主施，地道主受。
三吉为纯，辅弼无咎。但宜于前，不宜于后。
若涉四凶，神灵莫救。关路欲清，法当讲究。
亦有影曜，天外空浮。隐之毕寂，照此空收。
更有转曜，其变难求。宜怒而喜，宜乐而忧。
向虚向实，内流外流。流不必尽，其流弗休。
挨星之诀，至圣所秘。有得之者，掌握天地。
惟此五行，立命斯契。诸家亡作，尽为妖魅。

【评注】

此章专尊夺天地之元气，变化流行，皆九星所主治。混沌未开之先，有先天气母，以虚无业祖，气化为九星，以成天地，一曰天皇大帝，即尊星，二曰紫微大帝，即帝星，三曰北斗七星。第一贪狼，第二巨门，第三禄存，第四文曲，第五廉贞，第六武曲，第七破军。斗为帝车，运于中央，临制四方，分阴分阳，乃为诸星之纲。而尊帝二星，又化为辅弼，在武破之旁，辅微弼隐。左右北斗，是曰九星，皆高居紫微垣以主宰天地变化之道。紫微垣者，北极天枢，在天壬癸之方。北极至阴，而实一阳所自生，坎中藏干爻，有此一阳，而后群英群阳，无不普遍。故能维系天地，旋转造化。斗柄所指，四时之气，随之而转。以此九星之气，下施于地，发生万物。故人之生命，无不系属乎九星。穷通寿殀，岂能逃哉。地气虽发黄泉，实与天之八方之位合一，地之虚位，即廖廓无星之处，为天之次舍，所谓辰也。地之水道，从天津析水而来，即天宿所缠。辰与宿皆本于九星，所以地之吉凶，纯以九星而断。地有九宫，天有九星，九宫即九星之象，九星乃九宫之精，犹日魂月魄，运转乾坤也。在九宫则：贪即一白水，而于星又为木；巨即二黑土，而于星亦为土；禄即三碧木，而于星又为土；文即四禄木，而于星又为水；廉即五黄土，而于星又为火；武即六白金，而于星亦为金；破即七赤金，而于星亦为金；辅即八白土，而于星亦为土；弼即九紫火，而于星又为金。五行虽无定数，变变化化，乃自九星所出，先天一气，故曰玄空大五行。奥语所谓坤壬乙，巨门从头出，云云者，乃玄空大五行诀也。贪巨禄文廉武破辅弼，乃卦爻父母子息，相得自然之次弟，非人所造。颠倒错乱，而愈井然，不同之中，有大相同者存焉。盖因地之九宫，即天之九曜，坎离为天之中气，自一九媾精，而白紫分飞于南北，然后余色星曜，映照诸方，而各效其灵，总由此二卦中一点先天之气，推衍而出。故能潜符默导，布满乾坤之内，放之而皆准也。然此九星者，以形局言之，贪巨武为三吉，辅弼二星，为收气入穴之用。以方位言之，每元各有三吉，辅弼二星，为天人两元先时补济之用。章内五吉，以方位言也。天道主施，有父之道而消水纳水主焉。地道主受，有母之道，而主何孕息主焉。人能收五吉之向气，去四凶之恶杀，则地气罔不吉，而五吉之星，喜在吾前，不宜居后，如臣之于君，向君者为良佐，背君者为奸雄。凡地单取五吉，不可杂以四凶。关路又须极清，若吉凶各官齐到，则应吉者吉，应凶者凶。影曜者，内堂不见之水，远去数里之外，若不照穴，则隐而不见，祸福未验，若照穴则祸福立应，更甚于内堂之水。盖因水之为物，祸福之应最速者，其光气为之也。如三光之照物，远则光愈显，所以力愈重也。有农家小舍，发富甚速，起高楼而即败者，见外凶水也。有初葬不发，直待树木参天而后发者，见外吉水也。转曜者，内卦旺而力薄，外卦衰而力厚，则转而为不吉矣。或内卦衰而力薄，外卦旺而力厚，则又转而为吉矣。向中有来水为实向，无来水为虚向，依常而论，实向似吉，虚向似凶，乃见有虚向反吉，实向反凶者何也？是因星卦不明，衰旺莫辨矣。盖因水神星卦，以贴身出口第一折为准，既折之后，穴中复见其去水之影，仍作来论，所谓外流是也。去水流不尽者，既去之后，开一大洋，所去之水，停积此中，光气愈甚，是虽去而复来，吉凶亦必颠倒，学者慎之。挨星者，即前九星五行也。挨星之诀，天地所秘，圣圣相传，非人弗识，古谚说：有人识得挨星学，朝是凡夫暮是仙。能尽此挨星之用，则造化在手，嘘吸通于帝座矣。古人传书不传诀，恐干天怒也。除此大五行之外，其他正五行、八卦五行、洪范五行，皆非地理消纳立向之用，不可引入。至于双山三合、八曜黄泉，支离勉强，尤为不通。夫盈天地之内，惟一气发生，生则无乎不生，死则无乎不死，岂有某方为我生，某方为我死者，此皆后人传会之谈，戒学者慎勿惑焉。更有黄泉八曜，乃阳宅架杀之用，与阴地亦何涉哉。

定卦章

在昔圣神，天赐图书。先天后天，表裏默符。
立体致用，一元所孚。本无两象，岂曰分途。
八卦之方，九宫之位。辨色定数，飞居都会。
斗柄应之，以旋元气。管握四时，充塞宇内。
干则有十，支盈其二。戊已归中，四维乘位。
二十四道，灿然不昧。溯厥原初，实维卦义。
高山有络，络则分经。平地有气，气则同情。
茫茫庸述，干支迳庭。至人秘宝，隐而不评。
吾今漏泄，蒙害救民。常发大愿，忍乾天刑。
丙丁是离，壬坎是断。四正四维，同归畔岸。
正以干辅，维以支赞。阴阳截然，不相泮奂。
何以乘之，非关非峡。亦无起祖，亦无转结。
随地成龙，随城成穴。滴水先至，真气招摄。
水脉不离，骨亲肉贴。既知变局，更畏失胎。
失胎之处，一毫以乖。艮与震类，兑与乾猜。
八卦皆溷，言之可哀。分星定卦，一溷百危。
欲求珠宝，乃得尘灰。此详堂气，分别加挨。
罗经一定，辨入织埃。亦有兼宫，星符偕好。
一胎所育，两婴怀抱。此衰彼盛，容颜难老。
旺气两来，三息四道。交媾嘘吸，阳施阴保。
妙在格全，倾歆勿宝。辨清辨浊，从卦分考。

中国传统术数总集 第一辑

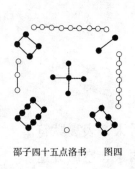

邵子四十五点洛书　　图四

陈抟先天图，亦曰太极图。　图一

（赵氏六书本意为天地自然之图）

伏羲八卦方位图　　图五

陈抟先天图外加八卦　　图二

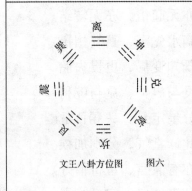

文王八卦方位图　　图六

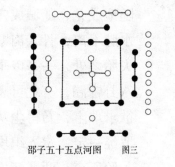

邵子五十五点河图　　图三

【评注】

　　此章言河图洛书，虽有先天后天体用之分，实则一元，而非两象。地用洛书九宫，乃先天河图也。八卦定位，而九宫飞符，所以象斗柄之旋转。此理充塞世间宇内，无物不具于洛书。而地者其大象也，方隅虽有二十四道，其体不过八卦统摄而已。故四正以干为辅，四维以枝为辅。五帝三王，分天下为九州岛岛，即是大九宫也。明堂九室，王者建极端居之九宫也。井田之制，民间之小九宫也。先王体国经野，仿法于此，后世浸失其法，不明九宫之用。故于地理平洋，雌雄交媾，而以山龙溷之，反失大地之阳相。盖因山龙脉络，譬如人之筋骨，自顶至踵，一丝相连，乱而有经，故分爻象干支。若夫平洋水气，则如人之血肉，触类相通，只以卦气为重，不必拘求干支脉络，但领八方之位为真龙阳卦，则干支之阴者，皆随卦而为阳。阴卦，则干支之阳者，皆随卦而为阴。盖因以平阳水气，浩荡无限故也。而其乘之之法，又非以实地联绵处为气到，故关峡起伏，俱不入论。祖宗子孙，亦无差别。随地屈曲以成龙，随城皆可以定穴，只以立穴处，一滴相近之水为先到，便是真气流露，与此一水相亲而为脉息，即使成局，今论作者下手，只将此地内外应合之法，取本元局气旺者用之，又须观内气融结消息，参大势向背，何者为真，何者为假，何者得全，何者得半，而后葬一局迁之，非谓局局可下也。假如堂局元气元运等类，皆利此局，而此地穴气未清，不妨稍加人力以清之，斯为裁成辅相之妙。时师也有能言局者，而所下之穴，往往祸福天渊之别，何也？病在下局不真，卦气溷杂，阴错阳差，所谓失胎也。失胎则一毫之差，千里之谬。盖因辨局要将罗经格定，看此地是何堂气。所谓堂气者，非明堂之气，乃谓本龙之气，收归入堂，故曰堂气，如此水近在西南，收庚申之水是矣。但此水申宫兼庚，则申不清而犯庚气，若在上元，去衰就盛，亦不发福，更收坤宫之水，不几求福而得祸乎。八宫皆如此辨，不可不慎。亦有两宫气到，亲而不清，亦能获吉者，则以星应，皆两宫所喜也。如前申庚亲句，用在下元而收兑宫之水，有喜无忌，焉得不吉？更有一种奇地，两宫水到，或三宫四宫齐到，此为群精媾会，胎息交通，最为和美，三元不败之地。但须体格端丽纯全，若有一毫倾欹斜侧，或其收气之

中国传统术数总集 第一辑

水参差零杂，即非真龙，反不如单局之力专矣。

审运章

　　日有中昃，月有盈亏。地有衰旺，家有废兴。
天道之常，物无遁情。朝来而鼎食，暮而瓦烹。
　　运达忽败，智者先明。朝哭于巷，夕歌于庭。
　　运逢骤起，愚者每惊。其运维河，九宫这次。
　　上元一统，黑碧佐治。中元四统，五六鼎峙。
　　下元七统，八九迭制。中元正运，元外余气。
　　余气既竭，王公与棣，地力敦厚，星曜坚强。
　　康衢奋步，险道可航。地力偏薄，星曜溷逐。
　　福应不全，祸来最速。一衰一旺，休咎相待。
　　两衰一旺，旺不能载。两旺一衰，衰亦何害。
　　下士失时，河清难待。上士乘时，亲师救败。
　　移易阴阳，更张莫懈。细誉星方，以防其溃。

【评注】

　　此章言天道无百全之数，故有阳九百六十之灾。虽至美之地，不能有旺无衰，虽至德之家，不能有兴无废。祸福倚伏，盖因都不能逃出，此全依乎三元之运。运旺则寒门骤发，运衰则久贵忽倾废败。但见其不止此一坟，不止此一宅，而前后之不仅如此。庸愚人们不知，反以地理为不足信，岂知坟宅不更，而元运自转，阴阳之道，间不容发，惟智者乃能先察觉也。

　　元运者，上元甲子，一白坎为统龙，二黑坤三碧震辅之，共主六十年，坎先管二十年，甲申入坤，甲辰入震，各管二十年，然虽有未来过去发福，先后轻重之不同，在一元之中，则皆得乘旺气。中元甲子，四绿巽为统龙，八白艮九紫离辅之，主治亦如上元，往常验证过已往之地，上元三龙在中元，也照常发，盖因为中元即上元之余气也。当初闻我师说，坎离为天地之中气，即先天之乾坤，阴阳互根之地，三元不败者，先天之坎离，日为日月之门户，坎离而外之为最焉，至于乾巽坤艮，则又次于震兑者也。四正四隅，虽有优劣之殊，尤当以龙力验之，若龙力薄，虽四正也不能说好，若龙力厚，虽四隅乃可大发。龙运亦然，若地力厚，而星卦纯，虽八败运至而不发，尚可自保，地力薄而星卦杂，虽入旺运，纵发亦多波折，五福不全，具有一坟一宅之家，切勿牵制，且室坟墓不一，又当参观，若有两地，一衰一旺，互相抵挡，能享平福，又当审其地力大小，以洪胜负，一衰不敌二旺，则旺能为福，一旺不敌二衰，则衰能为祸。余尝见处，衰宅而发者，见其有佳墓，亦有葬衰墓而发者，见其有佳宅，或远祖墓正得气。而新葬之灾祸未彰，或新迁美而不发，必旧坟之凶杀未除，要之上吉始能敌小凶，而祖福更切于高曾矣。作者求失元之大地，不如得及时之小地，人寿几何，其去衰入旺，身与家已同尽矣。故吾师尝教人开塞以求本元之盛，真良苦之心也。但须斟酌卦之合否，而后从事，慎勿妄动，自致溃败也。

来情章

卦运真机，问厥来情。来情枝干，以类分行。

干水来去，注目易分。枝水有止，来去难明。

枝之入口，吐纳滋生。执此言来，其来有经，

穴若乘之，脉气可凭。若指为去，倒置不窬。

干水来离，坎龙欣入。干水来震，兑脉不失。

八卦之门，各归本室。枝之来位，依此为律。

循其曲折，视其斜直。度其修短，溯其移易。

一气兼气，因方定质。分元辨位，应时效绩。

干水去地，亦有还气。还气注荫，与来不异。

枝水中停，其旋立至。候止候还，审来审去。

入妙通微，始全卦义。

【评注】

前二篇既言审运定卦，地脉衰旺，兴废之道，几乎尽矣。不知运之克应，在乎卦真，而卦之真伪，在乎来情。来情者，水之来去也。水之来去，即地脉之来去，故卦运非此不真。而论脉理者，所首重也。立穴所乘之局气，不敌所乘水路之来气，知来气之作用，则局气又不足言矣。前局气章内，尚未言及来情，故又特举而明之。盖因干水有干水之来去，枝水有枝水之来去。干水之来去易知，而枝水之来知难知，今人但知之流来之方为来，流去之方为去。以此概论，枝干则廖矣，流来为来，流去为去，通行干水则然，若夫洪潾停止，不通之枝水，则反以止处望出口为来，出口望止处为去。盖因水之行脉，与山无二，山以干之落处为来，以枝之尽处为止，水自江河溪涧流，小枝则以流出之口为来，而水之尽处为止，故枝水葬于尽处，世人以为源头水尾，有出无入，有去无来之地，而不知有入无出，有来无去，真气止息之地，所以发福最易，而历年亦久也。凡干水路，来自坎方，即为离龙，来自离方，即为坎龙，八卦皆如此论。

又如离上一曲折，即为一节坎龙，有二曲折，即为二节坎龙也。视其斜直者，如从离方来，直至离方止，则为真坎气，若从离方直来，又斜过左旁，向艮方直止，即为坎龙发足。坤龙入首，斜过右旁，向乾方直止，即为坎龙发足。巽龙入首。度其修短者，离路水长，坤路水短，即为坎气长，艮气短，若离路水短，坤路水长，又为坎气短，艮气长。溯其移易者，有从坤方入口，又行至巽方一转，而后结穴，则为外艮内乾，有从坤方入口，行至巽方一转，又行至艮方一转，而后结穴，则为内坤外乾艮也。如此变局，实不一端，枝水脉气，与此同推。故地有一气者，有兼二气者，有兼三四气。以其水行方位，定龙之形质，以此分上中下三元龙位，应时取效，永无差错。乾水结气，立穴之后，必有去水，此去水流去，必有还气。如水从巽方来，又从坤方去，向南立穴，则为左艮右乾。如从巽方来，又从乾方去，向巽立穴，则为前乾后巽，如从巽方来，又从兑水去，向南立穴，则为左震右乾。一元位上来去，一元大发，两元位上来去，两元衰旺，分应历历不爽。枝水如不葬尽处，葬于中间，则到底一节，亦同去水，亦同还气论。如坤水曲折而去，至艮方而止，就中亭立穴，作为巽向，是为左艮右坤之局也。盖因穴迎来水为气之止，迎去之水为气之还。审其来即知气止，审其去即知气还。夫论脉气止还之法，必须精详变化，入妙通微，而后八卦之义，辨别无遗，而三元衰旺之分，丝毫悉照也。

巨浸章

一有一方，汪洋巨浸。虽曰痴龙，岂无积润。
湖荡池沼，于子弗论。从不生枝，亦有气荫。
溯其根苗，实从元运。裁缺之法，亦有真机。
若穴池沼，方矩圆规。气秉其横，中正等夷。
大湖大荡，中气推移。测生测死，目巧在微。
变化之妙，枝干同式。众水浩浩，一隅可喻。
众水奔趋，一隅曲入。众水驻迹，水聚沙回。
淳淳滴滴，不散不漫。真气已蛰，乘元荫后。

酿福飚疾，此是真息。与枝为匹，若无真息，
穴坐其圆，依借外势，望之渊渊，形与众殊，
彼媿我妍，日引月长，福则待年，三吴江楚，
大泽联绵。世家墓宅，亦产英贤。骊黄之外，
用缀斯篇。

【评注】

水性主动，枝干流行，固是活龙，亦有湖荡池沼之穴，在枝干之外，别为一种，又不可以息漏二道论胎元，亦岂容以痴龙视之，断其不发秀呢，此等地土，虽不生枝，亦蓄真气，只要元运合时，亦发科第。但立穴之法，自有真机，不得从散漫处溷下穴尔。湖沼与湖荡，又是两等，不同一法，池沼显而易下，湖荡显而难迁，池沼只要方圆成象，平正不敧，便可取裁。但宜于横处受穴，不可从直头立局。如一方池，横看则为土象，直看偏是木象也。圆池亦须微微横阔，乃为金星开口，大圆则四周无受穴处，便是顽金，从何处下手，凡池沼下穴，须就正中眢气，左右相等，平正端丽，而后脉气涵蓄，若立局偏斜，或边轻边重，穴中即无真气，不能发福。大湖大荡，葬法又宜精密，盖因其势散漫，虽居中正，犹难聚气，须弃死就生，亦从枝干之理，虽与江河溪涧之枝干形象迥别，而变化之道则一，如外荡阔大，而有一隅内蓄小荡，则与喻水入口相似，又如外荡直奔，而有一隅稍稍曲入，其间即有沙角关阑，外来众水于此驻足，是即大荡为干，小荡为枝，大荡为漏道，小荡为息道，即是龙胎，乃为贵地。若得元运，又有后荫，葬下立发，湖荡岂缓局哉。又有一种，既无内蓄小荡又无曲水入口，而坐于土圩环处，形如满月，亦是吉象。更借外沙翼卫，望其大荡之水，对穴渊停，虽属通流，因有外沙，故不消散，且其立局之水，端严秀丽迥与他处不同，移步换形，分别妍媿，则众地皆贱，一穴独贵，但其脉气不聚，难求速效，须日积月累，穴中久久气足，而后始应。三吴江

楚，此等地局，发者甚多。下此等穴，乃于牝牡骊黄之外，别有巧悟。故特发明此篇，俾学者深知妙用，不得概以痴龙惑之也。

原湿章

水龙之地，与山相贸。山之生气，钟于高阜。
水之生气，钟于卑受。高阜之气，不离左右。
卑受之气，不离前后。何谓明堂，堂前地高。
高而渐高，代产英豪。如或倾泻，贫穷迸逃。
穴后地低，如凭敞衣。低而渐低，弃弃不摧。
如或隆起，绝世无儿。穴左坦然，青龙蜿蜒。
长子亢宗，家有余钱。穴石土厚，白虎短脮。
少男疾贫，常遇祸咎。卑而太卑，当作水推。
能夺正局，相土须知。大江以北，千里平陆。
土常有余，水常不足。高厚为冈，低平为谷。
何必江湖，而后成局。宜详尺度，兼别沙族。
剖露一端，以概地轴。

【评注】

此章言高山与平洋，事事相反，山龙以高处为生气，水龙以卑处为生气，正以山龙从山上高处来，水龙从水中低处来也。凡平洋穴后来龙，宜低坦，一步低一步，此为后龙，绵远子孙，悠久蕃庶，寿考无涯，穴之左右，亦须低坦，乃为龙虎环抱，穴中气足，但平洋龙是靠土来送，土来即高，一定要明白。左低长房发，右低次房荣。若穴后有高地，或一二重靠山，葬下损丁，子孙稀少。渐渐高起，后嗣必绝。青龙高，长子贫穷，白虎高，季子稍乏，惟明堂之内，则宜渐远渐高，为逆水归堂，大发丁禄。倾泻荡然，则败绝矣。然三方低下之处，必须四望相等，若有一处极低，便作水论，不然依水立局之气，反为所夺，则局气不真矣。且平地龙有有水为局者，亦有无水为局者，江南多水之地，以江湖溪涧为龙局，江北中原，千里平旷，无水可收，即以低地为水，高地为山，便成龙局。以断吉凶，外有数重沙护穴，则大地矣。偶因原湿，露此一班者，学者即此而推，已了然在目矣。

茔兆章

阴阳二用，妙在气交。天降而下，地浮而高。
土肤之上，媾精之交。嘘吸囊钥，如春发夭。
笑彼庸术，掘地及泉。气蒸在上，枯骨不沾。
水涝凝积，泛滥及棺。天光不照，常得幽寒。
起土成坟，形须舒展。势若高昂，孤峰岩险。
若作垣墉，沙迷水掩。舒则冲融，囚则难展。
坟前起屋，厌损明堂。阳和晦冥，自失晶光。
居中仲废，居左长荒。若适右畔，季子茫茫。
碑碣门亭，朝须典制。若据形家，以简为贵。
玉有微瑕，时为大累。敖此琐言，庶几尽义。

【评注】

此章言乾坤之气，一日不交，则万物皆死，不成天地矣。天地之妙，正在二气交会之中，二气无处不交，天以至阳之气，下交乎地，地以至阴之气，上交乎天，一升一降，媾精之处，常在地之肤皮。观其雨露降，而草木萌芽可验矣。平洋土气卑薄，置旷平田，累土成坟，上吸天光之和，下饮黄泉之气，则阴阳冲和矣。庸术以不深藏为不得气，掘地及泉，使棺椁浸烂，骨为寒凝之气所闭，阳和之气，反透于上，死骨不沾，安有福以应之耶？平洋乘葬，上坟垄，亦须平坦冲夷，乃为合格。若筑冢太高，累土耸拔，则孤露危险，元气四散不归，更不可妄筑垣墙，隔断外来秀气，其垣低平宽阔，犹为舒展。若高峻窄小，则名为囚，生气闭塞矣。屋宇碑亭，墓门等事，一有侵逼，虽属小失，乃有大伤，故尽言于此。

附葬章

葬法分穴，如宅分房。房分衰旺，穴分苦良。
先葬就弱，后葬就强。先葬获吉，后葬蹶僵。
亦有佳城，附葬不寀。一穴夺气，枝茂本倾。
须保祖地，勿入斧斤。贫贱权宜，昭穆分立。
移宫换宿，至危之术。未谙精微，鲜不蹈颠。
力位之法，祖穴是凭。气口是纳，剖断须清。
三元衰旺，九星持衡。不侵杀位，自远灾星。
但恐附葬，时地两分。气运方法，不无变更。
示尔附法，与正同情。测新测旧，主附参衡。
咫尺万里，立辨死生。法宜缜密，毫不可轻。

【评注】

此章言高山之穴，一般都只放一坟，不能放两棺。平洋通坦之地，可容合葬。然得气真地，昭穆分穴葬法，亦非所宜。贫困之家难以寻地，当有附葬，不知穴气真伪，间不容发。附葬之局，其视主局而看，岂不远哉。其判语吉凶，不可不慎。也有祖穴失局，附葬得局者，亦有祖穴得气，而因附葬反伤主穴者，若无真知灼见，则在祖宗发富贵之地，断不宜轻加添嗣附葬，以致至伤其根本，虽山林邱木，亦不宜妄行斩伐，倘有侵犯，祸岂一人独受？与附葬方位，先于祖穴上，详审气口消纳，以及元运九星衰旺等事。附葬如何，依祖穴立局，则以祖穴为凭，祖穴之旺方添葬，但附葬与主墓，时有今昔之殊，地有彼此之异，局气元运，星符无不变迁。昔日误下之，承接主穴杀方之凶气，灾祸立至，是附葬又不可以全拘泥于主穴也。而其法另有方位，另有乘气，另有元运，另有星符，向法，事事俱变。名虽为同或祖墓，实际与另迁正葬无异，当以正法断之使用。若正法得宜，附葬亦是一种办法，未必新旧穴两无相碍，而后可以从事。切记！（附：昭穆葬法图）

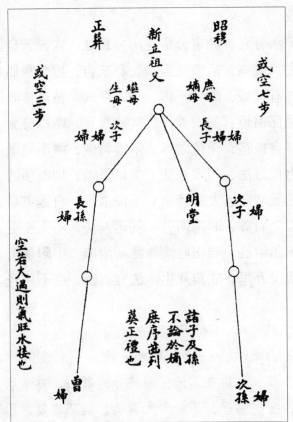

还元章

厥初生民，男女媾精。天魂地魄，交癸抱壬。

囊钥母胎，百日成形。十月胎圆，出腹产婴。

弦歌之数，上法天行。命终气尽，阴消阳升。

魂越泥丸，魄沉涌泉。百体僵卧，血凝髓寒。

一蹭十朔，海渴河干。葬埋之法，反天入地。

接续元阳，魂淘魄清。倘期三载，暗室空存。

彼犹不葬，枯木伤根。虽有吉壤，否隔不仁。

必久烝嘘，严霜乃春。若曾凶葬，败气移真。

败气充体，魄化灰尘。历年世久，瑞应曷臻。

古之葬体，周孔所作。天子七月，士庶踰朔。

暴棺弃尸，子道之薄。年月拘忘，下愚无学。

莫嫌渴葬，敢问先觉。

【评注】

此章言既得吉地，贵乘初丧，急葬接续生气，还元反本之义。人这一生，十月而胎成，故人之告殂，亦有十月体竭，死者元阳上升于天。葬得吉地，反天元以入地中，如金入冶，魂魄复聚，须及骨液未衰竭，乃可与地脉相流通，如接木须新剪之枝，若经宿气泄，岂能活呢？葬法七日内最佳，七月犹可，断不可过十月。若更迟之，一等待三载，虽有吉地，从何接气，必待葬下久远，枯骨渐滋，而后徐徐能应尔，即发也迟。若曾于凶地葬过，改葬吉地，前穴败气充满骨间，精魄尽散，必待恶气全消，吉气乃入。能以用岁月主乎。今人之缓葬，亦有数端也，贤者不忍其亲，难以急葬，不贤者宁葬亲于膜外，或停枢静室，或权置别地，暴露多年，又被庸师以拘忌年月利害之说，甚至有的一家百口，年命刑冲，此吉彼凶，久无葬日。试观古代仪礼，天子七月而葬，诸侯五月而葬，大夫三月而葬，士庶逾月而葬，又何拘泥当时有年月利害之纷纷众多者，尽折丧于先觉乎。

阳基章

大舆之理，岂惟藏形。往古圣哲，建都作京。
襟江带河，九野孕灵。兆民萃处，百堵尽兴。
惟宅之基，与墓合符。墓气凝结，宅气衍敷。
四倚之地，聚散有殊。移宫改步，自奥及隅。
爰有五机，寔惟宗要。一地二门，三衢四峤。
五曰缺空，八风之窍。独尊三元，微参九曜。
游年卦例，祸福不效。墓气从门，一门一向。
荣落转轮，门通大道。气入家庭，前后旁侧。
分势均形，重门叶吉。与路相仍，转步衰位。
美恶相争，男女居室。粤惟大伦，房闼是主，
堂阶是宾。祠庙奉祀，神灵所凭。营建若吉，
人鬼咸宁。置宅广原，地符统贯。比庐则聚，
单室恒涣。若在都邑，无尤远漫。倘获沾濡，
厥功无算。深山之宅，八方蔽藏。山形凹缺，
风来其方。依高立局，反气舒阳。以是主治，
庇荫不常。墓气及骨，宅气及身。此如滋条，
彼如沃根。根荣以岁，条茂及晨。墓吉宅凶，
蕃齿食贫。墓凶宅吉，殃在后人。墓宅并吉，

介福千春。能不失驭，迈种之英。

【评注】

此章言大舆之气，不惟茔冢藏形而已，即古代圣王体国经野，大而京师，小而郡邑，以致村落市镇，莫不形局分合选择之势焉。其龙穴宅邸之法，与墓同符，而不无小异者。盖因墓气只收一勺元辰之水，而京都郡邑，则取大江大河为局。至于各家宅气，又就其所倚小水而分九局，且阴地取其凝结，阳宅取其敷衍，气化亦有殊也。四倚者，或前或后，或左或右，专倚一水也。倚一水则局真，虽作广厦其气皆不变，然水有聚散之殊，弃此就彼，或及奥隅，若在奥隅之地，挂角立宅，只中宫大势，收气不杂，左右戴收，气有改变矣。如挂角立宅，水贴西南二方，爱南水作坎，前带右厢，近西水作震，前带左厢，是阴宅作在地中，止穴内一气。阳宅作在地上，不专以地气为用，兼取门气。盖因清虚之上，气本横行，门户一启，气即从门而入，其气与地气相敌，地衰门旺，地旺门衰，吉凶参半，须得门地两旺，然后可以招诸福。门地之外又看道路，道路局势朝归者作来气断，横截者作止气断。朝路比来龙，横路比气界，所谓三衢桥梁同断。峤者，邻居高峻也。如艮方有高屋，则气被障断，反从艮方还转气来，回向我宅，所谓回风的反气，自高而及下者也。高屋多则气厚，高屋少则气浅。若远方高屋，迢递而来，渐近渐低，归结到宅，气尤百倍矣。缺空者，方隅孔窍，或者宅外，或在宅内，能引八风而入，关乎祸福，不可不知，夫此五机，惟以三元之衰旺为与兴废，而于立向首，仍以地局九星为主，然亦有不合九星，不害其为吉者，故曰微参，言不甚重也。至于游年卦例，推论值年神杀，其实祸福不系乎此，若宅气旺，虽绝命五鬼，何害于吉。若宅气衰，虽天医生气，何能救凶？相宅者，此将五机按三元，以定衰旺，法尽此矣。从地从门，又申言门之为重，盖因地乃一定物，不能更移，门则可随方而改，尽有

中国传统术数总集 第一辑

失元之地，改一旺门，便能起衰。得元之地，改一衰门，便能减福。尺寸之地，荣枯顿异，不可不慎也。门以通大路为里，盖因气在大路中，随人往来，门之一启，便从门入，前门后门，旁则便门，或凶或吉，分远近大小，动静冷热，而论兴废，一宅只一门独旺，则全美无瑕。若诸门皆旺，则诸福并至。其或转入衰路、凶门，美恶相争，不能归一，亦从长短亲疏，分辨赢输。至于宅中内门，则尤以房门为重。盖因一阴一阳之谓道，家道兴衰，在夫妇配合之际，生男育女，继宗承祧，皆原于此，宅内重门道路，步步从旺方引来，更开吉门迎之。则五福全收矣。若中堂正堂，不过宾主酬酢之所，非归根复命之地，不甚重也。古人将营宫室，宗庙为先，香火之地，又须居吉，人鬼俱盛，乃为安宅。至于荒郊旷野之处，立宅则五机之中，专以地气为重，与阴宅相似，然尤必比屋聚庐，而后可以会合风气，收揽阳和。小屋必二三进，始有蓄聚，若一带直屋，及散布数椽，气皆涣散，地虽吉不验也。若在城市，五气兼重，不专以地气为主。然远水亦能乘旺、发福，更能近水沾染生气。福力非常。若近衰水，福亦应矣，深山之宅，水气轻微，八方之山高障围绕，山形空缺之处，为通风引气之门，能引祸福，法以近居一节为主，亦须斟酌气口长短，与夫宅之相招相背，以测气之浅深厚薄。山口中若有人迹车马往来，引到宅地，即为动气。夫阳宅祸福之应，与阴墓无二，然墓气从亡者之骨，荫及生人，力深而缓，宅气即在本身，力浮而速，朝种暮熟，智者固不以阳而废阴，又何重阴而废阳哉。

玄空正运经（此为作者的传心之作）

先天八卦，立生成之体；后天八卦，审对待之用。往来显卦爻之奇偶，消长见阴阳之盈缩。

乾老阳而尊，天上沛风泽之施；坤老阴而卑，地下作山雷之附。离东曰门，坎西曰户。山水去来，依风而察；雌雄乖合，持此可知。故乾兑必须坤艮，方名得配；则震离见乎巽坎，始是正爻。不出卦故已清纯，再符星垣尤美局。一路分明，两片拈取。情意之趋，其若到半路而他往，何必求之；有当面之反流，不足观矣。老阴而归少阳，少阴而辅老亢。或阴向阴而阳向阳，那堪着眼；或纵入横而横入纵，不用劳心。察其自何而来，从何而转，爱其此抱之顺，彼抱之迎，无欺压冲射，尽为主者用神。寻得偶之正，舍失配之斜。气取清而不取浊，形贵秀而不贵顽。局势聚精多壮，支芽从老剥生。龙降虎伏于左右，案横环拱若云雷。朝峰取其开面相向，顺水却由对处观空。水环砂绕，的是阴以求阳；直脉对穴，方为雄去配雌。金龙动于八面之山，水路流于念四之位，原不止于四金四库说也。若夫平洋以水为龙格，要不出一卦，认朱雀之生气，喜其反不竭而顾我，贵坐下之低空，取其迎渐高而向满。山龙以亢星认其兼带，平地要眠倒旁看动气，切不可以张之五星、廖之九星，牵强混入也，却要大取小，小取大，广狭轻重，正变斜，斜变正，聚散缓急，不可以喝形为法，必先去认脉格龙。

第龙脉须察其阴阳，山水则施其颠倒，如阳在水而阴在山，名为一局之起顺，使阴在水而阳在山，唤作一局之起逆，此之一山两用，正为四十八局，非妄指一山，西就东就，认为双双起也。若认穴唯以窝钳乳突求之，前后左右定之，莫拟深浅，只要迎龙，休说上下，惟求受气，观水广狭，指其远近，妙取十字，莫差分毫。认官鬼于前后，辨花假之情形；倘用伪造之倒杖，必致吉地以葬凶，合葬气伤龙穴，昭穆殃及子孙，人子最易知此，地师莫浪依唯。弟其立向之要，全诀于三卦挨加之用，须分其二一，故天之兼用于人者，因天广大包容之故，而其中有阴配阳阳合阴之妙也。即地之不可兼天，亦人之不可兼地，因地元窄狭，其阴阳独自配合故尔。更有一家十四，一家十个，六合六顺，进神退神，内神六合，即是六顺；外神六凶，又指六合。罡劫吊煞，星符呵叱，父母各寻，颠倒顺逆，自其阴阳，趋吉避凶，神九星之奥，坐穴求卦，有贵禄之迎，净阴阳要在八尺，挨左右权赖一丝。兼取之地，富贵两全，交至犯凶，灾祸亦并，不论山龙与平地，总以此为立向消水之秘，收山出煞之诀，至其三合五行，双山八煞，尽将抛去，长生十二，黄泉四个，一概删除。因长生三合乃子平命理之用，岂可混将以风水立向；黄泉八煞，即阳宅亦妄，更不可假之地言地。嗟乎，人之不欲，惟我所喜，我道是合，人却云冲。若会时凶能变吉，不知者吉转遭凶，个中些子秘密，只要口吃，莫乱盲指，并非大小玄空。神机虽藏于例窍，应用全凭乎心眼。惟是诀赖罗经施用，却在多层，卦对天地不同，各从其窍。

古盘以定子午，杨盘以立山向。穿山坐穴，透地格龙，兼惟三二，莫至七八，无如视今。虚危之针路，犹是唐虞躔次。他年东方之七宿，半为北地星辰，岁经三千八百，星移六十两宫，今则箕三于子正阳生，参十立午中阴长。天皇在室，位居酉未辛初；太微座翌，却移震卯正中。天市子癸之间，南极巳丙之地，少微立未，坤天辅入辛戌，四生之地，皆金宿之守，四库之中，有帝星之临，是天运已有差移，其星垣亦改宫度，而近今仍势此以相地，安能取验使灵通？盖因吉凶与替之旨，悉由枢头之权，而升生降杀之机。尽倚太阳之转，一十二节之阳气，葬首取用，二十四龙之乘配，法更玄灵。占衰旺以三元之察运，仍遵洛水之书，认吉凶取九宫生煞，亦兼后天之位。至于造命，尤关于葬，莫学子平八字，要依果老五星。二至为极，两分是平，当极各有取用，遇平则寻其辅。要恩用之当天，喜仇难之入地。诸格尽假，殿庙亦讹。纵逢晦朔皆为福，若遇薄蚀要舍旃。至若阳基不似墓气之凝结，但贵宅象之粗雄。一地、二门，三衢、四桥，独尊三元，微参九曜，倚一水则格真，辨九龙之立局，只因气行地上，惟赖门之一启，而收入却以九宫兴废，只要户立当旺以救衰，放水用东西之二卦，先察其坐向以施张，遵气送受，入于闺榻，更喜房门之得，地峤厌旺而能兴，风入凶而废祸，和乐宫无价之秘宝，当凶位幻化以成灰。游年无准，翻卦虚掷。莫以九星层进而论高低，休拟五行间架以为祸福。聊聊数语，无非杨公之秘；句句真机，尽泄诸经之旨。只为传经删改，反将卦诀皆失。莫怪俚句参差，却是玄空奥妙。持些以警庸师，谅无不可。存之而待后学，谁曰非宜。

余传此经，对仗不工，声调多谬，虽不如《玉尺经》之工稳，而皆从《青囊经》《天玉经》，《都天宝照》《青囊奥语》中发出，句句真法，字字真诀，堪与诸篇相为表里之用。读之者细加玩味，自得其中奥妙，切不可泛泛读过，即余之幸也夫。

时乾隆二十二年岁次丁丑秋九月重阳日录

萱山房之北窗半池范宜宾识见。

地学正经后记

天册一卷，嵩山先生之所授也。皆地学经体，至简至易，一切山龙平洋罗经，唯以三般大卦为收山出煞之诀，九星挨转为坐穴，趋吉避凶之妙，按此正道，不为初学者标新立奇，铺张怪异，立种种不经之论，反失前贤之真旨。更有假借前人之名，造以成书，其中乖谬矛盾之处，不堪枚举，令人难学难明，如市面上本之《地理大全》、《山法全书》、《地理原真》、《玉尺倒杖喝形》等书是矣。且此地学之败坏，其目的有三：一为慕名之儒家，尚渊博之虚声，造似是而非之论，擅删妄注；二为假学之术家，想得到明公之美称，不能分正伪之别，多汇成集；更有一种江湖求食之徒，并未虚心就学，持此伪书，奉为金科玉律，或以利害动人，或是依唯从事，不顾人之败绝，惟幸己之拐骗，父以孝子，师以授弟，转相沿习，真伪莫辨，而若辈且自眩耀曰：我得郭公杨公之秘，如遇同道，又必互相诋排，狡言人错，直夸己能，而人不晓他地学之谬，听命于他，既葬之后，索重谢而去，则人祸福则不论。有此三故，则地学安有不坏干呢。要知伪书中，亦每将《青囊天玉》诸篇汇入，其不能解释义旨之处，妄将字句揎改，伪法盲注，使古人之正诀，转晦不明，悖阴阳之正，失天地之和，贻生民之患，惟此伪书为独甚。余念及此，不禁恻惕于中不已，今既蒙嵩山先生授以古本，不敢自私，公诸同好，一以救人患难，一以示明正经，不使此道泯灭败坏，为前贤之罪人。嗟呼，人以余书为真知，吾故不敢喜，即以余书为非，余亦不敢愠恼，何也？因人不知道什么是正确，安知余之是与非也，又何喜何愠之有。观是集者，望其谅解。

范宜宾识见。

中卷

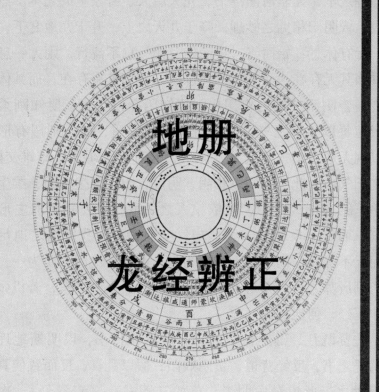

地册

龙经辨正

《龙经辨正》自序

夫地理之学，无非河图洛书、先天后天、卦象生成之奥。然天地之生成，皆阴阳相见之妙理，降于九天之上，升于九地之下，周流六虚，无有休息；始而终，终而始，无一息不流行，则无一息不交媾；看当其无存在，而其体浑然以成，看当其有存在，而其体秩然有象者，皆阴阳二气之作用也。要知阴阳以气言，要知刚柔以质言。天地每以无形之气，常寓于有形之阴质，而人则假有形之阴质，以观无形之阳气。故龙穴砂水，此有形之阴质，雌雄交媾，乃无形之阳气也。此岂非阳以相阴，阴以含阳，阳生于阴，柔生于刚之谓乎。第此形气之中，惟依赖人之所取，只要我所取之形体足以纳气，而气不反我去，则形与气交而为一，我所据之地足以承天，而天不隔我，则地与天交而为一，天地形气即合而为一，自然和谐，则所葬之骨，亦与天地之气为一，其福应之来，若机张括也，若非正经，何能造此？

只是先贤既往，继述传承之人，所依赖传书，以明斯地理之道。但伪托之书，反经背道，贵阴贱阳，假以乱真，反而致使真道不明，而世之于此道最发明者，莫如《葬书》《青囊经》，次则《天玉经》《都天宝照》《青囊奥语》《撼龙经》《疑龙经》《青囊序》《归厚录》《天元歌》诸篇。诚为地学之正经，能将以上数篇精细考究研习，方不入于江湖术士之伪途也。余于此数种书，无寒暑无早夜，详参熟玩，历有年所，每印证以山川，无所不符，愈见《地理原真》《平砂玉尺》《倒杖喝形》等书，牵合繁冗，颠倒

104

矛盾，悖阴阳之正道，失天地之和者，不堪枚举，习之者自祸和祸人，流毒日炽，真令人空增浩翰之叹也。余于书笥中得先子所藏未注之古本《撼龙》《疑龙》二经，较高文良公批叶九升所注之本，字句固异，而《撼龙经》之后，无九星吉凶雌雄诗断等节，《疑龙经》之后，无十问卫龙变星数章，文良公亦说以古本较对，经只于此，其下皆明隆万时人伪托。今印以余之古本，正与文印公之语相符。叶九升虽系江湖术士之流，尚知注此正经，堪为庸下之上者。弟恨其学术浅陋，不独不能发明二经之奥，抑且引伪书作解，东牵西就，转真至经义反晦，今经过文良公就中指摘，仍不免挂一漏十，而固执之偏，形于笔下。余于二经深研细考，颇有所得，故不避妄诞之咎，详为签注，将此中之谬者正之，不足者补之，伪托者去之，名之曰《龙经辨正》。盖是集之注，皆以杨公之经言经义，注此二经，不敢少负私意，使此经还其本来面目，昭然于宇宙之间，上以明杨公之真书，下以开后进之宗风，余何敢自视为高明之列，不过求为继述无罪之后学足矣。观是经者，望共谅解。

　　时乾隆二十三年，岁在戊寅仲冬长至日
　　潘阳范宜宾寅旭氏识。

撼龙经

唐　杨筠松

　　杨公真书，惟《天玉经》《都天宝照经》《青囊奥语》，以及《撼龙经》《疑龙经》二经，其他名目，皆系伪造，而高文良公，独以此二经为真书，反以《天玉经》《都天宝照》《青囊奥语》等篇视为假托，因公从未受到正传，未见到古本，其所看见者，亦市面本之故尔。今阅文良公批叶九升注之《撼龙经》《疑龙经》二经，其中叶九升之伪增讹注之所，虽经批出，但是仍未将如何方是之处指明，而公之批注，亦未言如何为不错不谬也，眉目殊未为清，余今一一签注辨正，叶氏之是理处，吾不敢隐讳，而文良公之错处，吾亦不敢因爵位而不言，惟愿使杨公之真书，清纯不杂，成一家之法言，昭然行于世间，造福千万。

统论篇

须猕山是天地骨，中镇天地为巨物。
如人背脊与项梁。生出四肢龙突兀。

四肢分出四世界，南北西东为四派。
西北崆峒数万程，东入三帏隔杳冥。
惟有南龙入中国，胎宗孕祖来奇特。
黄河九曲为大肠，川江屈曲为膀胱。
分枝劈脉纵横去，气脉钩连逢水住。
大为都邑帝王州，小为郡县君公侯。
其次偏方小镇市，亦有富贵居其地。

【评注】

此言天下大龙来脉，出自昆仑山发源者，是将昆仑山，比喻太极中黄之意。分四肢为四世界，比喻金木水火四象也。继言南枝为入中国之龙，以昆仑为祖宗，以黄河为大肠，以山川江为膀胱，方是言天下大龙之形势也。其中又分肢劈脉而去，则气血与祖山，总是一脉相连，至山止水会，大为都邑，小为郡县镇市，内亦有富贵之地，但葬地固为人道之所以终，而子孙世泽，皆出乎其中，正为人道之所以始，此岂非化始之谓乎。

大率行龙自有真，星峰磊落是龙身。
高山须认星峰起，平地龙行别有名。
峰以星名取其类，星辰下照山成形。
龙神二字寻山脉，神是精来龙是质。

【评注】

此言山龙平地为二项，叶注专以为言山龙，固为大错，而高文良公以高山批为陇，平地批为支，亦岂非错认乎。山禀九星之气以成其形，而精神是气，龙是刚质，以无形之气寓于有形之刚质，人借有形之刚质，以观无形之气，即柔生于刚之称谓也。杨公有杨公之九星，叶氏不言，专言五星，非张冠李戴乎。又认精神为旺衰生死之类，乖谬之甚。

莫道高山方有龙，却来平地失真踪。

平地龙从高脉发，高起星峰低落穴。

高山需认星峰位，平地两旁寻水势。

两水夹处是真龙，枝叶周回中者是。

莫令山反如叶散，山若反兮水散漫。

外山百里作罗城，此是平地龙局段。

星峰顿伏落平去，外山隔水来相顾。

平中仰掌似回巢，隐隐微微邱阜露。

便从邱阜觅回巢，或有钩夹如旋嬴。

钩夹是砂嬴是穴，水注明堂聚气多。

四旁绕护入城裹，水绕山环聚一窝。

【评注】

　　此言平洋龙法穴法，成明雌雄交媾，阴阳相见之义，凡平洋有不似此者，非地也。至明堂二字，莫实认为明堂，乃近穴滨底水去气止之处，平洋以水为山，是要后空水绕，亦莫实认要有山坏，此处切勿错会。叶注不过随文敷衍，未将以水为山，后空之意注出尔。此等俗师，何能知此为平洋水诀也，而读文良公之批，或有此种之语，殊失经旨，究亦未将以水为山系后空之意批出，而转以看山为法批注，公何不思山上龙神不下水之语乎。公倘如此，又何深责叶九升之谬呢？要知水中有阳，落平之穴，为阳中之阴，平洋水去气止之处，为雌雄交媾，即阳本阴，阴育阳之谓，亦即土者气之体，有土斯有气，气者水之母，有气斯有水之义也。

　　　霜降水枯寻不见，春夏水高龙脊现。

　　　此是平洋看龙法，过处如丝或如线。

　　　高水一寸即是山，低土一寸水回环。

　　　水缠便是山缠象，缠得真龙如仰掌。

　　　窠心掌里或乳头，端然有穴昭天象。

山缠水绕在平坡，远有围山近有河。
只爱山来抱身体，不爱水反去从他。
水抱应知山来抱，水不抱兮山不到。
莫道高山龙易识，行到平洋失踪迹。
藕断丝连正好寻，退却愈多愈有力。
高龙多下低处藏，四没神机便寻得。
祖宗父母数程远，误得时师皆不识。
龙到平洋莫问踪，只观水绕是真龙。
念得龙经无眼力，万卷珍藏也是空。

【评注】

此言平洋水龙之形势，字字是看认之法，足见近时平洋之书，除归厚录外，余皆伪法妄论，至四没神机，乃谓其难寻祖宗父母四样，而人以没泥龟蛇实之者，殊为庸谬。至叶说知水势之妙，亦易寻求之语，乃似是而非之论，试看叶说平地之龙多旋转，穴必在中央之语，拨以经义水绕山缠之意，诚有天壤之分，足见其尚不知水之妙。是知水二字，何可轻言呢？杨公特书此平洋龙穴之法者，是今人就中罕其隐微之邱阜，视微茫水去气止之处，更会意于九星形状之意，而其中即有朱雀源于生气，派于未盛，朝于大旺，泽于将衰，流于囚谢，一返不绝，法每一折，潴而后泄，扬扬悠悠，顾我欲留，其来无源，其去无流之义，切不可认是长生衰旺之伪法，贻误于人也。

垣局篇

北辰一星天中尊，上将上相居四垣。

天以太乙明堂照，华盖三台相后先。

此星万里不得一，此龙不许时人识。

识得之时不用传，留与皇朝镇家国。

【评注】

此言紫微垣之形，引起九星之义。而叶注落平阳为帝都，居山中为禁地，又说势如鸡子形，均系臆度妄谈，而自又说世所罕有，叶九升从何而见，真为欺世之论，叶转以《泄天机》为证，而《泄天机》一书，即系伪造，今引以为凭，足见叶氏亦无学之流也。

请从垣外论九星，北斗星宫系几名，

贪巨武曲并辅弼，禄文廉破地中行。

九星人言有三吉，三吉之余有辅弼。

不知星曜定镏铢，祸福之门教君识。

【评注】

此言九星之吉凶，宜为先识，以便认龙之善恶也。三吉者，贪巨武；次吉者，辅弼；四凶者，破禄廉文是也。夫星在天成象，在地成形，一切山形皆禀九星之气，故山之形肖之，然山龙之行，四凶必兼三吉，方有飞扬耸特。故因其行以观其势，四凶必剥，三吉始现积止秀丽，乃察其聚而乘其止也。是因三吉必兼四凶，四凶必剥三吉，所以人必先认星以别吉凶，能别星之吉凶，则龙之吉凶亦分，龙之吉凶分，则祸福亦别，而取舍分矣。此为至要，不可少略，此中言三吉，则辅弼为次吉，亦在其中矣。

贪狼木

贪狼顿起笋生峰，若是斜枝便不同。

斜枝侧顶为破面，尖而有脚号乘龙。

脚下横拖为带剑，文武功名从此辩。

横看是顶侧是峰，此是贪狼出阵龙。

侧面成峰身直去，不是为朝便不住。

【评注】

　　此言贪狼之形，并及作朝也。叶注贪狼头圆身耸如笋，此语大谬。经首言笋生峰，是先言尖贪以立正体，后言四者以尽变。经言甚明，叶何大书圆头，直与经言相左，然此非叶之敢注，乃擅以廖之紫气，硬配杨公之贪狼，故有身耸头圆之语，反以尖贪认为燥火，何不思笋生峰之语呢，试思笋生之有圆头之笋者乎？似此注书，失去前人经旨，后来者亦甘死语下。注及此，不禁为杨公大声疾呼也。至出阵贪狼侧面而去，不能结地，只去朝人尔。

莫来此处认高峰，道是玄武在其中。

亦有高峰是玄武，玄武落处四兽聚。

聚处方为龙聚峰，四兽不顾只成空。

空亡龙上莫寻穴，纵然有穴易歇灭。

【评注】

　　此示人以贪狼龙之结不结也。玄武是言结穴之主山，其认是贪狼，内有脉落，看龙虎环抱，卫从皆停，是真有玄武落而四兽聚，方有结作，即形止气蓄之谓，如四兽不顾，即为空亡之龙，必无结局也。叶氏以此注为作朝之贪狼龙，何异瞽者之语呢。

　　　　或为关峡似龙形，正龙潜在峡中行。
　　　　时师多向峡龙觅，不识真龙断续情。

【评注】

　　此言峡中两边守峡之贪狼也。两边星峰拱来，亦秀丽可观，而正身却在中央过度，时师不知，每于此中求穴，是因不识真龙之断续，每以守峡之贪狼，错认为龙，故杨公带出，今人莫认此为正龙也。文良公说，断续二字，须极力着眼，此识龙要紧处，尤是识贪狼龙之要紧处，此语深得识真龙断续之情也。

　　　　贪狼自有十二样，尖园平直小为上。
　　　　敧斜侧石倒破空，祸福轻重自不同。
　　　　问君来此如何分，莫道贪狼一般形。
　　　　敧是崩崖破是坏，斜是边有边不明。
　　　　侧是面尖身直去，空是岩窟石硐碻。
　　　　倒是飞峰偏不正，七者未是正贪龙。
　　　　平地卓然顿起笋，此是尖贪真本领。
　　　　园无敧侧四面同，平若卧蚕在高岭。
　　　　直如决有引绳来，小似笔头插高岭。
　　　　五者方为贪正形，吉凶祸福要详明。

【评注】

　　此言贪狼行龙有十二样，以敧斜侧石倒破空节样为不吉之贪狼也。尖以平地之顿起笋，圆以正不敧，四面皆同，平以横在岭，如横木为卧蚕，直以中出正行，小以小尖峰在山顶之上，是此尖平直圆小五样，为最吉之贪狼也，合此七凶五吉，岂非十二样乎？杨公不过以某某为七凶，以某某为五吉，使人认此吉彼凶之意，故曲写其形也。叶氏乃以作朝守峡之二种贪狼，注为假形，夫上二种，是言其行度，原非假形，固属讹谬，若如文良公之批，即斜侧破之类，岂不是十四样乎。此语亦非。敧侧似斜四句，古本无，今删除。

火星焰起廉贞位，生出贪狼由此势。

若见火星动焰时，看他踪迹落何地。

此龙贵至不是常，生出贪狼别有异。

火星若起廉贞位，落处须寻一百里。

中有贪狼小小峰，有时回顾火星宫。

世人只道贪狼好，不识廉贞是祖宗。

贪狼若非廉作祖，为官也不到三公。

【评注】

此言贪狼龙，必要廉贞作祖，无如时师不认廉贞之形，要知廉贞是尖而带黑石嵯峨者，尖贪是尖而秀丽无石者，叶氏以连连之尖贪，认为廉贞，以一峰认为火星，此岂非二火星乎？诚为庸妄，是廉贞尖贪，不能分辨，原以乱注，足见叶九升无学之甚矣。

高山顶上如掌平，中分细脉似蛇形。

贵龙多是穿心去，富龙只从旁上生。

高山如帐后面遮，帐里微微似带斜。

带舞下来似鼠尾，此是贪狼上岭蛇。

带舞下来鹤伸颈，此是贪狼下岭蛇。

上岭解生朱紫客，下岭当为朽腐家。

【评注】

此言贪狼龙出脉之形，必在平面出脉也。其脉细如蛇样，如从中穿出者主贵，发从旁出者主富，后面高山列帐而遮，脉在帐里落来如带，如上粗下细如鼠尾者，谓之上岭蛇，若下粗上细如鹤伸颈者，谓之下岭蛇也。而叶氏注说脉有两则，经中并无此字样，殊与经义背谬，似此注书，妄邀地学明公之美称，深为叶九升可耻。

大山特跌小为贵，小山忽起大为势。
高低大小断续行，此是贪狼真骨气。
大抵九星有种类，生子生孙巧相似。
相似方知骨气真，剥换不真皆不是。
一剥一换大生细，从大生细真奇异。
剥换退卸见真情，小峰依然贪狼置。
剥换如人换衣裳，如蝉退壳蚕退筐。
或从大山落低小，或从高峰落平洋。

【评注】

此言高低大小断续而行，方是真贪狼，亦是上文真龙断续行之意，故大变出小为贵，小忽起张大为势，如此高低大小断续而行，固是贪狼真骨气，必生子生孙，层层剥换，仍起贪狼，方是真贪狼也。九星行度，亦如是剥换不脱，本龙星之骨气，始可谓之真龙，然言剥换，乃剥去轻老刚暴之气，换出秀嫩细巧之气，必从大山落来，或为冈龙，或为平阳，方能脱得罡煞之气，尽生子生孙之语，是层层剥换之义，莫认作五行相生之生，而中有不脱本龙气之意，亦流行终始之谓。看经言依旧贪狼起，即明终始也。

退卸剥换成几段，十条九条乱复乱。
中有一条却是真，若是真时断复断。

乱山回抱在面前，不许一条出外边。

只有真龙坐穴后，乱山在外却为缠。

此龙错从腰间落，回转余枝作城郭。

城郭弯环生捍门，门外罗星当腰着。

【评注】

此言贪狼行龙之结作也，如十条九条之乱，中有一条是真，而真者必断复断，其余之条，回抱面前，不使一条外出，回作外缠，而贪狼行龙，多不在大尽处结地，多从腰落而结，其余支回转作穴之罗城，而出水处所，必有两山弯环，以为捍门，以锁内气，又必有罗星当门，以塞水口，如此结作，必贪狼千龙，廉贞作祖者也，诚为大地，文良公说贪狼落平亦如此，是不知平洋水法，仍以山龙之法言平洋也。

罗星要在罗城外，此与火星常作对。

火星龙始有罗星，若是罗星不内居。

居内名为抱养瘵，又为病眼堕胎山。

罗星若生罗城口，城口皆为玉笋班。

罗城若似城墙势，龙在城中聚真气。

罗星若在城关间，时师唤作水口山。

若识罗星真妙诀，一边枕水一边田。

田中有骨脉相连，或为顽石焦土坚。

此是罗星有余气，卓立为星在水边。

贪巨罗星方与尖，武曲辅弼圆匾眠。

禄文廉贞多破碎，破军欹裂却甚嫌。

只有尖园方匾星，此是罗星得正形，

忽然四面皆是水，两山环合郁然青。

罗星亦自有种类，细别罗峰在水滨。

【评注】

此言罗星所在，上者要在罗城外，其次要在罗城口，又其次在要城阙间，总不离一边在水，一边在田，方是真也。廉贞作祖，始有罗星，固是流行终始之谓，而形状又依九星主出，则经中写其吉凶形体，尤当细察。

凡看九星之形，大忌拘泥，盖因星形有正有变，且间带多端，最难察视的，须一一分清，若一含混，未有不错。廖金精之九星，张子微之五星，率皆后人伪造，近世江湖，无不口诵，大行于世，谁晓《撼龙经》之九星为真呢。人既不明《撼龙经》之真，又皆以伪造者看成死格，难称地师眼力，况九星之形无定，或在山顶，或在山脚，或大或小，或高或低，看其转移，分其背面，皆就山之形体，小化大，大化小，变通而观察之，方不失星形，方不拘泥死格也。能如此者，始知杨公之书，非诬人之书矣。

巨门土

巨门尊星性端庄，绕离宗祖即高昂。
星峰自与众星别，不尖不圆其体方。
高起定为顿笏样，但是无脚生两旁。
如此星峰止一二，方冈之下如驱羊。

方冈或如四角帐，帐中出带微飞扬。

飞扬要得穿帐去，帐上两脚随身张。

枝叶不多关夹下，却有护卫随身旁。

戴旌节节来拥护，旌节之峰多是双。

两有刀剑同护送，刀剑送后前圆岗。

离踪断处多失脉，抛梭马迹蛛丝长。

梭中自有丝不断，蜂腰过去多趋跄。

自是此星多尊贵，护卫重重来聚会。

每逢跌断过去时，两旁定有衣冠吏。

衣冠之吏似圆峰，两旁有脚卫真龙。

若是两旁无护卫，定作禅祠佛道宫。

【评注】

　　此言巨门身方头平，情禀端庄，形正高昂，时起方冈而下如驱羊也。其方冈，若如四角之帐，脉从帐中出行，枝叶不多，关峡亦少，而小公分处，以夹龙行，卫从多，断处亦多，应察抛梭马迹峰腰蛛丝之形，可去追寻，其近体有似圆峰，以为衣冠之吏，亦有脚卫龙，若单行无卫，只可作神庙，不可用也。再此节以古本较之，是杨公说第二之巨门，并非武曲，为庸妄地师所改，遂移易字面为武曲篇次。叶首注巨门属金鱼武曲篇下，庸妄谬极，今依古本改正，仍录巨门星下。

平行穿珠行数里，忽然又作方峰起。

方峰直出如横龛，背长颇类平尖贪。

平尖贪狼如一字，生在山顶如卧蚕。

武曲横身从中出，贪狼直出如僧参。

夹辅卫龙次弟围，真龙在内左有函。

此龙住处无高垄，间气窝穴隐潭潭。

独在高山夹中看，穴落高冈似草庵。

四围若高来夹辅，前案朝迎亦高舞。

却作高穴似人形，按剑端严似真武。

【评注】

此言巨门之行龙，结作承上，方峰跌落，则串珠而平行，忽又
起方峰，但此方峰平顶直行，横望之若桥扛，颇类横卧之平贪狼，
则脉不向直头落，从横腰落，不在高垅落变出巨门，故夹辅亦回
转而护之，至其穴间生窝穴情四应高，亦作高穴，如直头落脉，是
贪狼，非巨门矣。此处细看莫错。

此龙若行三十里，内起方峰三四已。

峰峰端正方与长，不肯枝斜失尊体。

峰上忽然生折痕，此与廉贞堪同样。

凡起星峰不许斜，更嫌生脚照他家。

【评注】

此言巨门行龙之吉凶，须认端正方长，无敧斜之态，清净秀
美，无巉岩折裂之形，始为吉也。高文良公说读此经文，再见有折
痕，即不吉，况巉岩破碎，满身恶石者耶。凡敧斜而照映他者，断
不可取用。

端峰若生四花穴，花穴端严君要别。

真龙直出向前行，四向谩成龙虎结。

此是武曲钳夹来，间气从此偶生穴。

此龙误煞多少人，定来此处说真形。

要识真龙穿心过，但看护了不会停。

【评注】

此言巨门之假穴也，但看巨门行度，再起方峰，其上多有假
穴，形虽端正可爱，龙自直去护卫，飞走不停，观其从则真假自

明矣。

尊星自有尊星辙，方正如屏柜远设。

武曲行龙少鬼劫，盖因两旁多罗列。

小公分处夹龙行，不肯单行走空缺。

小公分处乱生枝，枝叶虽多夹水随。

护龙亦自有背面，背后如壁面平夷。

平夷便是贴龙位，龙过之时形怪异。

不起圆峰即马旗，提剑盘龙归此地。

护卫缠绕如打围，重重包裹外山归。

至若武曲少关夹，护送无容左右离。

明堂断定无陡冯，横案重重拜舞低。

平贪覆巨似武曲，尖圆刀堑不能齐。

天星尖圆方整处，向此辨别无狐疑。

识龙须识辩疑处，识得真龙是圣师。

【评注】

此言巨门之形，有似平贪覆巨，专重辨疑而论也。小公者，上分八字，中间一脉起小顶而去，即俗师所谓梧桐枝个字是也。护龙要识背面，背如壁，面则平平者，即贴龙之体，护送少故关峡少，侍从整齐，故明堂正，而明堂必无陡泻，横案重重，方是武曲之结形。平贪覆巨，其顶俱平，不似武曲，但贪狼从直头出脉，对看仍尖，覆巨顶虽微平，细看其身，仍是圆体。而经说平贪覆巨似武曲之句，为庸师将似字改为圆字，读之真令人不能解，令依古本校对，将似字改正。

禄存体

禄存上形如顿鼓，下形有脚如瓜瓠。

瓜瓠前头有小峰，此是禄存带禄处。

小园带禄围本身，将相公侯出方虎。

大如螃蟹小蜘蛛，此是禄存带煞处。

煞踪若有横磨剑，此是权星先出武。

【评注】

此言禄存之形，如顿鼓者是上面，瓜圆有瓣者是下脚，则上细下粗，不尖得而微曲臃肿，是兼土金水三气驳杂不清，故为凶星。然此星能舒展张势，故三吉行龙，亦要禄存作间，以其能分牙布爪，开张局势之故。而禄存亦能出吉出凶。如枝脚前去，起小圆秀之峰，名为带禄，却要本星拥卫之也。若枝脚前去，所带小峰如螃蠏蜘蛛，有尖利之形，此为带杀，或如有人横磨剑者，虽为权星，主出武，亦非吉兆，其凶吉总于带煞处，分另细察。

大处大峡百程路，宝殿龙楼出无数。

忽逢此等入长垣，万刃打围君莫顾。

痴师偷眼旁睥睨，晓者默然常不度。

若然尖脚乱入茅，唤做蚩尤旗爪瓠。

大抵星辰嫌破败，不抱本身多作怪。

端正龙神须无破，丑恶龙身多破败。

怪形异穴出凶豪，杀戮平民终大坏。

草头作乱因此山，赤族诛夷偿命债。

只因龙上有欈枪，贼旗侧倒非旌幢。

旌幢对对端正立，独立敧侧名欈枪。

【评注】

此论禄存之凶结，盖因此亦自大龙大峡宝殿龙楼而来，其枝脚尖利，长乱奔窜，名为蚩尤旗，其星必破碎丑恶，如龙上欈枪，独立峰顶敧侧，下脚飞摆侧仄，尖利奔乱，此等必结怪形异穴，必出草贼，蒙赤族之祸也。若独立峰顶端正，下脚虽摆动而不尖利，似人持幢者，又不谓之凶也。蚩尤欈枪二星，皆形如旗而长尾，禄存枝脚尖长顶斜侧者似之。故凶。

顿鼓微方似武曲，武曲端正下无足。

有足周围真禄存，园净方为武曲尊。

【评注】

此分别武曲与禄存之形，可见禄存之顶，如鼓微带方而圆，此直指禄存顶平，若是武曲无脚，禄存多脚之不同尔。何时师改易武曲为方，巨门为圆，盲谈乱注，至圆净是指无破碎之称谓也，如无破碎，始为吉星，而进师认率为御屏顿笏，是不读书之故尔。叶注禄存亦是吉星，试问经中有此义乎？要知武曲尊，是言武曲，非言禄存。

龙家最要仔细辨，疑是乱真分背面。

背似面非岂有真，此是禄存疑转身。

凹处是面凸是背，作穴分金过入线。

几看星峰看转移，转移须要母顾儿。

枝分派别有真种，忽作瓜蔓无东西。

十里半程无冈岭，平洋砂碛烟尘迷。

到此君须看水势，水势莫问江与溪。

只要两源相夹出，交锁外结重重围。

禄存好处落坪漫，大作军州小镇县。

坪中时复乱石生，或起横山或梳面。

此处或如辅弼形，辅弼无枝禄多瓣。

禄是帝车第三星，也主为文也主兵。

【评注】

此言看禄存须分背面，背凸面凹，是禄之形，不独禄要转移，看其背面，大凡看星，俱要转移看视方显，是此看转移者，今人去转移看视，非看山之转移也。武曲无足，禄存有足，若从微方之禄，背边一看，其足尽向前，抱背无足，转似武曲，吾人切不可以禄之背面，认为武曲也。母顾儿，是与祖山照映之义。至于落平洋，则平中砂集。坪中乱石，坪中或起横山，或起梭面，而枝脚前抱，或泥田中，有石露出，世谓石星峡者，皆是禄存平中之体段，而坪中总以水势看之，只要水夹外则交锁重重剥换，出辅弼之形，方为吉地。叶注以转移为剥换，以母顾儿为不脱母气，真反经失义。

九星行龙俱要禄，中要贪巨辅夹束。

或是辅星左右起，此等贵龙看不足。

若逢此星远寻穴，莫向高山寻促局。

若遇九星相夹行，只分有足与无足。

燕云岭下出九关，中戴禄存三吉山。

高山峡里多尖秀，也有园禄生巉岩。

君看山须分种类，休指横行作正班。

破禄二星形无数，也有正形落低处。

也有高形上陇头，杂乱分形君莫误。

形在高岭为高形，山顶上生禄存星。

形在平洋山卓立，顶矮脚手亦横平。

岭上生形顶必正，平地生形脚乱行。

　　请君看我细排列。祸福皆从龙上生。

【评注】

　　此言行龙九星，必要兼禄存，以其能张形布势也。燕云之方，禄破最多，如在高山，则看顶正，如在平地，则看脚多，而此等龙不在高山结作，却向远处寻穴，只要认其对面，不认其侧面，凡认星俱如此，故有乱指横行作正班之句，或在山，或落平，有吉有凶，而其吉凶，总从龙上生来也。不过统论禄存之高低形势，下文则一一言之，可谓细研，此中言圆禄，是身圆，非顶圆，切莫认错。

　　　　第一禄存顿鼓踞，脚手对对随身去。
　　　　平行有脚入剑锋，旌节幡幢次弟布。
　　　　此等星辰出大江，中有小贪并小巨。
　　　　辅弼时从左右生，隔岸山河远相顾。
　　　　此是神龙作州县，雄据十州并一路。
　　　　忽然诸山作垣局，更求吉水为门户。
　　　　若得门户收吉水，万水千山不须住。

【评注】

　　此言第一禄存之形，顶如顿鼓，其脚直而横飞，为剑峰游节，即禄之脚双双夹护，禄脚横飞，破脚直夹，中有小贪小巨，至生左右之辅弼，而隔岸必有远山远水，以为朝应，诸山作垣，却要吉水，紧关门户，方始可用。

　　　　第二禄存入覆釜，脚尖矛戟周围舞。
　　　　有脚方为真禄存，无脚名为禄推巨。
　　　　此星自是有威权，白手成家为巨富。

【评注】

　　此言第二禄存之形，既如覆釜，要有脚周布，方名真禄存，如面系巨门，背系禄存而无脚，名禄推巨，以禄推巨之形，依经参祥而细罕，主无误也。

> 第三禄存鹤爪布，两短中长龙出露。
> 出露定为低小形，隐隐前行忽蹲踞。
> 有穴必生龙虎巧，丑陋穴形龙不住。

【评注】

此言第三禄存之形，前去必低小，隐隐蹲踞起峰以剥吉，必巧生龙虎以卫穴，如出露无护，不结地也。

> 第四禄存助扇类，脚手又似垂丝势。
> 此龙只好结神坛，别有星峰主秀气。

【评注】

此言第四禄存，其身多折叠如肋扇，其脚纷多，不能结地，可为神坛，如从中剥出，另起秀峰以结局，始堪应用。而叶注只注至第三句即止，第四句不言，何为注书，要知杨公之言，主秀气为神坛，是分别可用不可用尔。叶注粗浅如此。

> 第五禄存如悬鹑，破碎箕帚折无情。
> 此星便是行龙星，星平生枝自顶分。
> 此龙直去坪中作，桡棹回来斩关做。
> 高山大峡开三门，一门一穴三停均。

【评注】

第五禄存，形如鹑衣，枝脚平蔓，多落平冈，如枝脚回顾，自过峡至大尽，必是三停，一停一星，一星一穴，此方为斩关之作，而叶说腰间可寻斩关穴之语，胡说极矣，误人极矣。文良公谓结于峡，亦非门者起顶之星也，不可错认，高文良公以高山大峡开三门句，下说有脱简，余古本中三门句下，正有一门一穴之句，今补入。

> 第六禄存落平洋，势如巨浪横开张。
> 他星亦有落平者，此星平官亦飞扬。
> 脚摆时复生巨石，石色只是黑与黄。
> 两旁请看随龙峡，长短大小宜细详。
> 护龙转时看他落，落处当从水斟酌。
> 右转皆右不参差，左转皆定无相驳。
> 朝迎指证真穴形，左右高低君莫错，
> 禄存鬼形如披发，虽曰穴形势如掠。

【评注】

此言第六禄存之落平也，此星落平，如巨浪横张，有飞扬之态，脚摆带石黑黄，是禄之性于平中两旁，观之如脚，肯敛肯回，或左或右而转抱，朝案正指，必结好穴，若形突脚多，而散乱纷披者，谓之鬼形，大凶莫用。

> 第七禄存如长蛇，左右无护无闸遮。
> 此龙非是贵龙从，枕在水口身横斜。

【评注】

此言第七禄存之形，只作水口之砂，非贵龙贴身之砂，经言甚明，叶何盲注为贵龙之从，真误世之庸人也。

> 第八禄存在高岭，如戴兜鍪有肩领。
> 渐低渐小作穴应，定有窝钳必端正。
> 此星号为八贵龙，捉穴真时最昌盛。

【评注】

此言第八之禄存，在高山顶上另起，其形头平身圆，亦生微足，望之如戴兜鍪，此龙极贵，而穴定作窝钳之形也。

中国传统术数总集 第一辑

第九禄存如落花，片片段段水夹砂。

不作蛟潭为鬼穴，定作罗星水口遮。

【评注】

　　此言第九禄存圆墩散布，片片段段，只可为罗星以塞水口也。经中无护砂字，叶注何妄增呢。

天下山山有禄存，或凶或吉要君分。

莫道禄存全不善，大为将相公侯门。

要知五岳真龙落，半是禄破相参错。

太行顶上马耳峰，禄存身上贪狼龙，

泰山顶上有石观，上有月亭高一半。

此是禄存上有贪，如是星峰孰能判。

海上洲渚亦有山，君如论脉应难言。

不知地络联中国，远出山形在海间。

东出青徐为东岳，过尽平洋大江堑。

地络连延随势生，涧水止龙君莫错。

我观禄破满天下，九等分星无识者。

君如识得禄存星，珍宝连城无价也。

【评注】

　　此总论禄存，示人要分吉禄凶禄，又示人认破禄中之三吉，三吉中之破禄，故引太行之马尔，泰山之观日，即系禄身上贪峰为证，至言平阳大江，地络连延，乃石骨渡水，亦是禄存之气也。此诚地学至要，不可泛泛读过。

文曲水

文曲正形蛇行象，若作淫邪如撒网。
此星柔顺最高情，又与生鳝形无两。
问君如何生此山，定出廉贞绝体间。
问君绝体如何谛，本宫山上败绝气。
问君如何寻本宫，宝殿之下初出龙。

【评注】

此言文曲之正形，如蛇变象，如生鳝撒网，其吉凶之义分矣，其言绝体败绝气，本宫初出龙，皆指廉贞宝殿下，为文曲之所在，今人察之也。

认得星峰初出面，看是何星细推辨。
九星皆挟文曲行，若无文曲星无变。
变星便看何星多，多者为主分贵贱。

【评注】

此段言起顶分星，正面分落之脉，初出面，即上文初出龙，但此脉如蛇蟮，即为文曲，叶注亡谓将何以辨，是尚不知文曲，何可乱注此经，盖因九星行龙剥换，必挟文曲之曲动细脉也，层层起仗剥换，看何星行度独多，即以多者断龙之吉凶也。然此不过以变星多者，定龙善恶，并未言以间星多者定穴，今叶注以间星定穴者，是认星不清，转以俗师随口对答之饰辞，引以注书，上诬古人，下惑后进，真庸亡无学之徒也。要知此节奥语中认金龙之义，切莫会错。

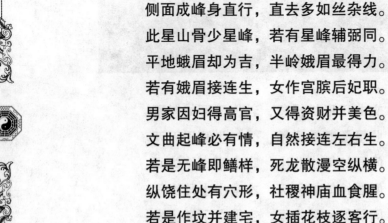

文曲星柔最易见，每遇旺方生侧面。

侧面成峰身直行，直去多如丝杂线。

此星山骨少星峰，若有星峰辅弼同。

平地蛾眉却为吉，半岭蛾眉最得力。

若有蛾眉接连生，女作宫嫔后妃职。

男家因妇得高官，又得资财并美色。

文曲起峰必有情，自然接连左右生。

若是无峰即鳝样，死龙散漫空纵横。

纵饶住处有穴形，社稷神庙血食腥。

若是作坟并建宅，女插花枝逐客行。

男人破家因酒色，女人内乱公讼兴。

变出痨瘵鬼怪病，令人冷退绝人丁。

【评注】

此言文曲侧面成峰，曲折直行，而无横张之障也，至旺方起峰，连接左右前后之峰，低平如蛇，不能正对，如中间略起低小蛾眉峰，主有女贵，若无吉星作间，一路平远，散漫纵横，是淫荡败绝之地，不可用。

困龙坪下数十里，忽然卓立星峰起。

左右前后忽逢迎，贪巨武辅取气生。

只得一峰龙便活，蛾眉也变辅弼星。

平行虽说变辅弼，却是低平少威力。

若得尊星生一峰，便使柔星为长雄。

男人端倪取科第，女人主家权胜翁。

【评注】

此言文曲落坪之变五吉，以结地也，高文良公以不能大起为不吉，但文曲落坪，或变贪变巨变武变辅弼，只要得一峰，而前后左右有水环砂，绕峰迎卫抱之妙，即是佳地，要知文曲本无高形，安能大起呢。至言为雄长之说，是言落坪文曲变五吉之美，其生一峰之说，是言文曲落坪起微顶之意，如认卓立星峰为大起之峰，则大谬经旨落坪之义，文良公如此之批，亦欠斟酌矣。

大抵行龙少全格，杂出星峰多变易。

辅星似禄弼似文，长短高低细辨认。

莫道凶龙不可裁，也有凶龙起家国。

盖因未识间星龙，贪中有廉文有弼。

武有破军间断生，禄存或有巨辅力。

十里之中卓有峰，小者成大弱成雄。

此是龙家间星法，大顿小伏为真踪。

一山使断为一代，看在何代生间龙。

便向此星定富贵。困弱生旺随星峰，

困弱之龙无气力。死鳝烟包入沙砾。

千里百里无从山，独自单行少收拾。

君若识得间星龙，到处乡村可寻觅。

龙非久远气不全，易胜易衰非人力。

【评注】

此段言间星，正示人于此处着眼之意，其中高低大小，顿伏长生等字之义，即看间星之法，莫泛视为常论，如于此间星认之不的，其吉凶何由而断，故必认得出间星，方能认龙，此为最要诀

中国传统术数总集 第一辑

也。今立认间星于文曲篇末，可见间星在文之前后上下，亦可认文曲于间星之前后上下也。

廉贞火

> 廉贞如何号独火，此星得形最高大。
> 高山顶上石磋峨，伞折犁头裂丝破。
> 只缘尖炎耸天庭，其性炎炎号火星。
> 起作龙楼并宝殿，贪巨武辅因此生。
> 古人深识廉贞体，唤作红旗并曜气。
> 此星威烈属阳精，高炎赤黑峰头起。

【评注】

此言廉贞之形，乃尖焰嵯峨高耸赤黑之石山，如伞折、如馒头，有裂丝之破痕者是也，莫学俗师以尖秀连阵之贪狼当之。叶九升以一峰为火，又以多峰为廉贞，岂非分为二火星乎？廉贞星为火之精，体高势烈，故唤红旗曜气，由此而劈脉分枝，变生九星，为各方行龙之祖也。

> 高尖是楼平是殿，请君来此细推辩。
> 高山顶上乱石间，此处名为聚讲山。
> 聚讲即成即分去，分宗拜祖迢迢路。

寻宗寻嫡更寻儿，龙来此处最堪疑。

却来此处横生嶂，形如帐幕开张样。

一重入帐一重出，四重五重如巨浪。

帐中有线穿心行，帐不穿心不入相。

帐幕多时贵亦多，一重只是富豪样，

两帐两幕是贵龙，帐里贵人最为上。

帐中隐隐仙带飞，带舞低垂生兴旺。

天关地轴两边迎，异石龟蛇过处往。

【评注】

　　此言廉贞之分龙出脉也，龙楼者，一尖居中独高也，火星体；宝殿者，众尖平列也。顶上稍下之乱石处为聚讲，聚讲之下，即其所分之龙，前行开帐，开帐之地，必垂脉过峡，必有关轴护卫，更得各种龟蛇异形之石，以守过峡，尤为上等。足见廉贞分龙过峡之形态，如此方是，亦可见不似此者，非廉贞之分龙过峡也。

高山顶上有池溃，两边夹得真龙位。

问君高顶何生水，水是真龙楼上气。

楼殿之上水泉生，水泉卫抱两边迎。

真龙却从池中出，也有单池在旁据。

单池终不及两池，池若倾崩祸反寓。

池平两水夹又清，此处名为天汉星。

天汉天潢入阁道，此星入相居天庭。

更有卫龙在高顶，水则龙身入深井。

并无水出可追寻，或有蒙泉卜镜影。

【评注】

　　此言真廉贞必有卫龙天池二水也，两边夹而池水出者，为天池，当顶中潴，或如小镜，而池水不出者，为卫龙，亦有单池在边

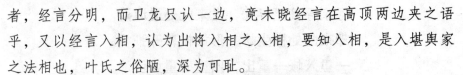
者，经言分明，而卫龙只认一边，竟未晓经言在高顶两边夹之语乎，又以经言入相，认为出将入相之入相，要知入相，是入堪舆家之法相也，叶氏之俗陋，深为可耻。

> 看他辞楼并下殿，出帐耸起何形见。
> 应星生处别有性，此是分枝劈脉证。
> 祖宗分了分兄弟，来此分贪试真髓。
> 分贪之处莫令差，差谬一毫迥千里。
> 笋尖贪狼从此出，钟釜相随武辅弼。
> 方峰是为巨门程，最要来辨嫡庶行。
> 嫡庶不失出帐形，便是龙家五吉星。

【评注】

　　此言分枝，或贵或贱之所由来也。其贵者，全在出帐，不失嫡亲尔，其不及此者，是出帐失嫡亲故也，而帐则视应星，是应星一段，尤为至要，其出帐耸起是何形，如尖形为贪狼、钟为巨门、方为武曲、釜为辅星、枕为弼星，是为五吉，应星生此五行，穿帐之星亦同此形，是不失应星之气，方为不失嫡之五吉龙也，然应星必取此五形为应星，只有此种才方为合法。

> 廉贞恶龙振威灵，真是阴阳火里精。
> 此龙多向南方落，北上众山皆错愕。
> 低头敛衽出朝来，不向他方妄参错。
> 凡是星峰皆有石，若是土山起无力。
> 廉贞独火气冲天，石骨嶙峋平处觅。

【评注】

　　此段言廉贞是火里之精，为万物生生之根本，而龙之从出，皆由平面处行也，带石之龙有力，若是土山，即无力矣。经中何当有发贵之语，叶氏之注，真为俗极。

廉贞不生吉星峰，顶隔江河作应龙。
朝迎必应数百里，远望鼓角声冬冬。

【评注】

此言廉贞作朝应之山，多不分枝劈脉，不剥吉星，兀然高起，为大龙隔水作应，而所应之大龙必贵，故有鼓角冬冬之庆也。叶氏注作应为鼓角梅花，凭何所据？真瞽者之语。

凡见廉贞高耸石，便上顶头看远迹。
细认真龙此处生，华盖穿心正龙出。
此龙最贵难寻觅，五吉要随华盖觅。
此等真龙不易逢，华盖三峰品字立。
两肩分作两贵龙，此是兄弟同祖宗。
兄弟便为护龙去，前迎后送分雌雄。
雌若为龙雄作应，雄若为龙雌听命。
问君如何辨雌雄，高低肥瘠却不同。
低肥为雌雄高脊，只来此处认真踪。

【评注】

此言廉贞作祖，分枝劈脉，为龙为应认识之法也。故以高瘠为雄，低肥为雌之处，指示后人，足见杨公之苦心，其中有其祖同宗来作伴之义。叶注是辨龙贵贱，想叶氏心眼间，惟存贵贱二字，逢迎时人，故注书露其卑陋之俗谈也。

真龙身上有正峰，时作星峰拜祖宗。
既看护送似龙盘，又有龙虎与迎龙。
随龙山水皆朝揖，来此狐疑失踪迹。
水口重重在异石，定有罗星当水立。
罗星外面有关山，上生下生细寻觅。
盖因罗星有真假，真假天然非人力。

罗星傍水便生石，罗星端方最高职。

【评注】

此言龙必作正峰前行，时顾祖山，而复闪落正脉，又行至虎踞不行，随水皆朝，则水口定有罗星，而罗星外面，仍要有山关拦，其罗星又有吉凶，要端圆平净，不取破碎走窜，若无罗星立于水口，则非真龙之结作也。叶注作回龙穴，经中无顾祖结作之语，是言星峰照映祖山，叶何妄注，文良公说罗星在罗城外，固是遵杨公说贪狼星结，末言罗星之经义，要如彼节之言罗星，是有三种，请看前节在罗城外，罗城口，城阙间等字，何当单执定在罗城之外，果如是言，则此节罗星外面有关山之语，杨公岂不自相矛盾乎？此是言城阙间之罗星，文良公乃以在罗城外一语为执定，并未活看，殊非确论也。

廉贞多生顾祖龙，祖龙远远是朝峰。

更看鬼脚回转处，护拓须生数十重。

送龙之山短在后，拓山不抱左右手。

缠山缠过龙虎前，三重五重福延绵。

缠多不许山外走，那堪长远作水口。

护送夹龙若十全，富贵双全真罕有。

寻龙十万看缠山，一重缠是一重关。

关门若有十重锁，定有王候居其间。

【评注】

此处言回龙顾祖，缠护结局之地也。然此却重在托多锁深合局，方为富贵全美之地。

廉贞已具贪狼内，更述此篇为详载。

有人晓得红旗星，远有威权进凶怪。

权星斩破得自由，不统兵权不肯休。

中国传统术数总集 第一辑

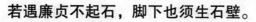

若遇廉贞不起石，脚下也须生石壁。

石壁是背面土平，平处寻龙出踪迹。

贪巨武辅弼星行，出身生处是真形。

剥龙换骨若几段，此是公侯将相庭。

【评注】

此言廉贞之尊威，可远迎不可近取，甚言廉贞之背正，而即以土平是面，去寻龙脉，提出示人，尚恐人之不悟，故叮咛告诫，再申前说也，廉贞如此，他星可以悟入。

红旗曜气威灵在，愚妄时师骇妖怪。

权星威福若自专，纵入文阶亦武权。

廉贞一变贪巨武，文武全才登宰辅。

廉贞不作变换星，子臣乱伦损君父。

【评注】

此言廉贞剥出三吉星可用，不剥三吉星，则不可用，用之出悖逆凶祸。

武曲金

武曲左辅覆钟釜，钟釜两般当分剖。

钟高釜矮事不同，高即为巨矮为辅。

二者虽然皆吉星，金土不容有差互。

武曲端庄富贵全，辅弼随龙厚薄与。

贵龙若行五六程，临落之时剥辅星。

如梭如印如列月，三三两两牵连行。

前关后夹来相拱，峡若多时龙猛勇。

剥到辅星三四重，仔细来此认龙踪。

中国传统术数总集 第一辑

贪武若无辅弼落，高岭如何住得龙。

虽然辅弼是入穴，作穴随龙又不同。

穴随龙星作钳乳，形神大小随龙宗。

【评注】

此言武曲之形，以钟高为武，釜矮为辅，二星虽俱为吉，但武尊贵，辅多为护送，高山行龙，及将结穴，九得必剥出左辅而作穴，则依主龙之星，如贪狼剥辅而穴作乳，武曲剥辅而穴作开窝，仍依龙星不逐变者，亦流行终始也。覆釜多足是禄存，无足是左辅，有两脚平行如覆笠，亦是左辅。文良公说左辅有六种，有落穴之左辅，夹龙之左辅，入垣之左辅，天池之左辅，有楼下剥换之左辅，有行龙之左辅。此段即行龙之左辅，但左辅变形，岂止此六种，尚有二十余种，公斯言未尽，仍有遗珠也，详下左辅篇内。

此段是武曲，高文良公说应更为巨门为是，但土方金圆，流传已久，如文良公之言，改为巨门，岂非土圆金方乎？金土之说，乃俗论龙上五行之讹说，观杨公龙家不要论五行之语，何须土说金呢？念只论其形者，因察其变幻形状，非察鞭是土是金，故只论形，即符杨公之经旨矣。

破军星

破军星峰如走旗，前头高卓尾后低。
两傍失险落坑陷，壁立侧裂形倾歆。
不知此星出六府，上有三台远为祖。
然后生出六曜星，贪巨禄文兼武辅。
三台星峰号三阶，六星两两鱼眼挨。
双尖如园如贪武，却在绝顶双安排。
双尖定出贪狼去，方圆生出巨武来。
上台中台下台去，行到六府文昌台。
文昌六星如偃月，穿排六星似环玦。
平顶上头生六星，六处微堆作凹凸。
凹中微起似六星，生出九星若排列。

【评注】

此言破军形势，并破军之所由来也，头圆身耸，星拖脚尖，形态凶恶。要知此星从六府而来，上有三台为之远祖，从身剥出贪狼，或变方圆，任鞭脱煞尽净也。破军枝脚直夹，故形如戈矛，三台两两，并列于三处，相去甚远，六府六星，连串于一处，其形颇微，非细心莫辨。而叶氏以三台六府为一种，更以廖之太阳金、太阴金、紫气、月孛、计、罗六名实之，真可谓不知望龙者也。今皆删去此注，凡见山顶有此形，便知其下有大地，人不知此，安能望龙知地乎？何今人反不务此。

> 破军皆受九星廃，逐位生峰形象奇。
>
> 山形在地星在天，星气下感福禄依。
>
> 尊星顿起真气了，枝叶皆是破禄随。
>
> 尊星虽说有三吉，三吉之余有辅弼。
>
> 不知三吉不常生，百处观来无一实。
>
> 盖因不识破军星，只说走旗拖尾出。
>
> 走旗拖尾是正形，若出尊星形变生。
>
> 与君细论破军体，逐一随星种类名。

【评注】

此言破军皆受九星之气而变，人只知三吉辅弼为吉星，不知此五者最少，破禄最多，若泥定三吉，不识破禄中之三吉，则宇内几无地矣。要知破禄之带三吉者多，若于带三吉之破禄不能识，故遇星央行亦不能辨，反以杨公之书为不可遵，不亦谬乎？总要识得破禄之正形，并兼九星之变象，则三吉辅弼之星峰，自然认得，望吾人留意于破禄足矣。

> 贪狼破军如顿旗，一层一级名天梯。
>
> 顶尖冲前有岩穴，伸颈犹如鸡作啼。
>
> 顶头有带下岩去，引到平处如蛛丝。
>
> 欲断不断马蹄过，东西隐显梭中丝。
>
> 三吉之星总如此，此处名为破吉离。
>
> 过坪过水皆如是，定有泉塘两夹随。
>
> 贪狼破军巨门去，去为垣局不须疑。

【评注】

此言贪狼破军之形势结作也。顿旗者，尖秀高耸，有壁立侧

裂之状，必冲前之岩，却要有脉落下，如蛛丝马迹，梭中丝以过度，或变破军巨门，或不变巨门，直是贪狼破军结作，俱要活看，不可泥定，有水曰泉，无水曰塘，泉塘是破军之性，顶尖是贪狼是性也。

> 武曲破军裂十字，顶上微圆欹侧取。
> 势如啄木上高枝，直上高枝石嘴露。
> 此星出龙生鼎足，爪甲巉岩鸡若距。
> 此龙富贵生王候，五换六移出宰辅。

【评注】

此言武曲破军之形势，从低而高，如啄木鸟之上枝，决不会之顶，必生高岩而露石嘴。此星落脉行龙，必生个字如鸡距也，顶上微圆，是武曲之形，欹侧是破军之气，必要剥换跌断，方是大地。观顶上微圆之句，足可见武曲顶圆，非顶平者之确证也。

> 禄存破军顶平布，两胁蛇行肋微露。
> 前如大木倒悬岩，独干生枝叶无数。
> 叶中生出嫩枝条，又作高峰下坪去。
> 当知为穴亦不远，护送不来神宇据。

【评注】

此言禄存破军之形，落坪结穴，独干为坡军之性，生枝叶多为禄存之性，又作高峰，是落而复起顶，此顶必变吉得下坪，方为脱卸煞净，则穴亦不远，然要护从，无护从者，不可用也。

> 巨门破军如坡柜，身形摧肿膵裂势。
> 前头走出鸡伸颈，岭上垂下如象鼻。
> 一高一下脚不尖，作穴乳头出富贵。

【评注】

此言巨门破军之形势结作，破柜为巨门之形，崩形为破军之

形，前起峰，如鸡之伸颈，自顶落脉，形如象鼻之垂，脚不尖者，必作乳穴，脚不尖，是巨门之性，一高一下，是破军之性，要知破军兼三吉之过脉，必要串断方是吉气结作也，今以经中破橱柜思之，亦为巨门平顶之一证。

破军廉贞高崔嵬，水流关夹声如雷。

【评注】

此言破军廉贞，形斜如旗，为破军之形，水鸣如雷，廉贞之性，如高大岈嵯而体正者，方是廉贞，破军廉贞，是二星兼体。叶注即认为老祖之山，真不识星之盲师也。

辅星破军如幞头，两傍有脚如抛球。

【评注】

此言辅星破军之形，幞头为左辅之形，脚如球抛。破军之性，经虽言如球，莫认球形以为圆，要认抛字，是两傍有脚，略断而复起之意，其脚亦必微尖。经说关掉尖拖是破军，可以悟入也。叶氏直注脚圆净之语，真为大谬。

弼星破军如鲤跃，行到坪中一时卓。
三三两两坪中行，直出身来横布脚。
为神为庙为富贵，只看缠护细斟酌。
缠多便是富贵龙，缠少只为钟鼓阁。

【评注】

此言弼星破军，在坪中之形，看坪中卓起，或小山、或土阜，三三两两，直来横布，其脚也，如砂水之缠护多者，即结佳地，少只为祠庙。要知此七变之破军，皆要缠护，原不止此弼星破军独然也。夫此段破军中，独不言文曲破军者，非是阙文曲如蛇行，凡高低落脉，过度曲动处，即是文曲，原不起峰，故无兼体也。

九星皆有破禄文，三吉之余辅弼尊。

平行穿珠巨门禄，关棹尖拖是破军。

吉星之下无不吉，凶星之下凶所存。

况是凶龙不为穴，只是闲行引过身。

纵然有穴必是假，假穴如何保久存。

时师却来寻龙穴，来此峡内认低蹲。

便指缠护为聚气，不如远秀在他村。

便说朝山朝水好，下了凶事自入门。

只缘不识真龙出，前面必出有尊星。

尊星活了死龙骨，换了破军廉禄文。

破军忽然横开帐，帐里戈旗出生旺。

此龙出作将军形，前遇溪流为甲仗。

【评注】

此言三吉必带四凶，而后能行龙，四凶必换三吉，而后能成穴，即经说尊星活了死龙骨，换了破军廉禄文之称谓也。至经说平行穿珠巨门禄者，其脚尖拖，乃破军穿珠，无脚者为平地巨门，有脚者为平地禄存。而叶注经珠为方，巨圆为禄，又以串珠为不方则圆，又以九星俱带巨禄，经中无此语，叶之乖谬极矣，此等学问，安可注书，以认将军为出武贵，尤为俗陋，盖此之谓将军者，是言主龙行形，不向他人之称谓也。

破禄形象最为多，枝蔓态延气少和。

不为尖刀即剑戟，不作蛇行即掷梭。

出逢六秀方为上，上与六气横天河。

六气变而生六秀，凶星到此亦消磨。

凶气消磨生吉气，定有星峰巨浪波。

此是神仙绝妙法，不比寻常格地罗。

【评注】

　　此言破禄气凶，多为尖刀剑戟蛇行掷梭之形，若自六府处来，凶化吉星，如巨浪之横滚，生出吉峰也。六秀即六府，方位即六府所在之处。若如叶注逢六秀方位，是遇俗本六秀艮丙巽辛兑丁之方矣，极为大谬，如何不思不比寻常格地罗之句乎？然杨公所谓地罗中之六秀，另有六秀在，亦非俗本所谓艮丙巽辛兑丁之死板格方位也。

　　　　与君略举大形势，遥望江山满八极。
　　　　天下江山几万里，我见破军到处是。
　　　　禄存文曲辅弼位，低小山形总相类。
　　　　只有高山形象殊，略举大纲与君议。
　　　　昆仑山脚出阆颜，只只都是破军山。
　　　　连绵走出瀚海北，风俗强悍人粗顽。
　　　　生儿三岁学骑射，骨鲠刚方是此间。
　　　　山来陇右尖如削，尽是狼峰俱高卓。
　　　　此处如何不出文，只为峰多反成浊。
　　　　高山大陇峰多尖，不似平原一锥卓。
　　　　行行退御大散关，百二河山在彼间。
　　　　大缠大护到函谷，水出黄河如玦环。
　　　　低平渐渐出熊耳，千里平阳渐如砥。
　　　　大梁形势亦无山，到此寻龙何处是。
　　　　识得星峰是等闲，平处寻龙最是难。
　　　　若无河海与淮水，渺渺茫茫不见山。
　　　　河流冲决山断绝，又无石骨又无脉。
　　　　君若到彼说星峰，一句不容三寸舌。
　　　　黄河在北大江南，两水夹行势不绝。
　　　　行到青徐忽起峰，兖州东岳插天雄。

分枝劈脉钟灵气，圣贤多在鲁邦中。
自古英雄出西北，西北龙神少人识。
紫微垣局太微宫，天市天苑太行东。
南龙高枝过葱岭，黑铁二山雪峰盛。
分出秦川及汉川，五岭分星入桂连。
山行有断脉不断，直至江阴大海边。
海门旺气连闽越，南水两夹相交接。
此是海门南脉络，货财文武相交错。
何处是贪何处文，何处认辩武曲尊。
寻龙望气先寻脉，云雾多生是龙脊。
春夏之交与二分，夜望云雾生处觅。
云霓先生绝高岭，龙楼宝殿此为准。
大脊微微云雾生，云雾山多反难认。
先寻云雾识正龙，却是枝龙远相引。
此是神仙寻地法，百里罗城不须迴。
知此然后论九星，要识九星论正形。
因就正龙行脚处，认取破禄是闲星。

【评注】

此言天下山龙大局，大势分三大枝以言之也，末言寻龙先寻云雾，以识正龙，不论大局小局，总要认得九星正形，而九星正形，就正龙行脚处，分别破禄于三吉之中也。

天下山山有破禄，破禄交横为地轴。
禄存无禄只为关，破军不破只为栏。
关拦之山作水口，必有罗星在其间。
大河中有砥柱据，四川之口生灎滪。
大姑小姑彭蠡前，探石金山作门户。
更有焦山罗刹石，虽是罗门星不固。

此是大寻罗星法，识者便知愚未悟。

吾若论及破军星，多是引龙兼作护。

大龙随要大破军，小龙夹乱破禄文。

廉贞多是引龙祖，辅弼随龙富贵分。

廉贞若高龙不出，只是为应兼为门。

请君看此州县关，何处不生水口山。

水口关拦皆破禄，无脚交牙如叠环。

或作横山卧虎护，或作重重如瓜瓠。

禹凿龙门透大河，便是当时关水处。

太行走入河中府，河北河南关两所。

大河北来曲射东，西山在水如眠龙。

马耳山枕大江口，绝无脚手为袖手。

灵璧山来截淮河，更无一脚如横戈。

海门二山锁二浙，两山相合如环玦。

文廉生脚锁脑流，横在水中为两截。

大关又销交结贵，定有罗星横截气。

截在江河不许流，关内不知多少地。

小罗小锁及小关，一州一县须有拦。

十关十锁百十里，定有王侯定其间。

乡落罗星关锁作，枕水如戈石横卧。

但看无脚是关拦，重数多少分将佐。

君如能识水口山，便识天戈并禄破。

【评注】

此言天下之山，必带破禄，而无禄之禄，不破之破，只作水口关拦，不似上章言带禄之禄，受破之破，皆级结穴也。又引砥柱小姑大姑金山采石等为大寻罗星之法，是推广大而言之尔，无脚交牙，是看水口法，且破禄皆有脚，如为水口关拦多无脚，不可以其无脚，即认为吉星。叶注此大地水口法之句下，有详望龙经谬公解义之语，文良公以此二书为伪造，是叶九升以伪托之书，引作杨书注脚，真是不晓此经之盲师，妄为乱注也，可见庸师之谬，贻误后人不浅。

左辅土

> 左辅正形如幞头，前高后低大小球。
> 伸舒腰长如杖鼓，后大前小驼峰侔。
> 下有两脚平行去，或在武曲左右游。
> 此龙如何近武曲，自昔分宗近伯叔。
> 分宗定做两贵龙，此与他星事不同。
> 武曲两傍必有辅，不似他星形贵处。
> 左辅盖有左辅形，方峰之下如卓釜。
> 此是武曲辅星形，若是真辅别有情。
> 真辅自作贵龙身，幞头横脚高低起。
> 高顶高峰园落肩，低处低落肩顶园。
> 忽然堆起如赢卵，又如犁栗堆簇繁。
> 山上累累山结顶，断定前头深如垣。

【评注】

此言左辅之形，前高后低，后大前小，大小球，驼峰长，如杖鼓等，字字尽左辅之形。而又有在武曲方峰之下，如卓斧者，亦左辅是也。其高低，是言峰顶前后，非脚有高低看下圆落，肩肩顶圆之句，即晓其见如堆起之螺卵，如堆簇之梨栗，结如山顶，则前面必深入垣而结作矣，叶注乃认为天马，又称杖鼓为细腰小鼓，皆俗本伪造名目。文良公批说，以如此之左辅硬类入巨门，斯言似是矣，而公乃以俗师所谓夫马双金，扛水凹脑天财，公亦谓皆左辅，此说大错。此乃廖之九九八十一变，伪托名目，公既知八十一变为伪，又安可以为名而谓之左辅，且此节左辅名色形状，经言甚明，无乃一时之允略乎。

要知此星名侍卫，入到垣中最为贵。
东华西华门水横，水外四围列峰位。
辅星垣前执法星，欲分左右为兵卫。
方正之垣号太微，垣有四门号天市。
紫微垣外前后门，华盖三台前后卫。
中有过水名御沟，抱城屈曲中间流。
紫薇垣内星辰足，天市太微少全局。
朝迎未必皆真形，朝海拱辰势如簇。
千山万水皆入朝，入到怀中九回曲。
入垣辅弼形微细，隐隐微微在平地。
右卫左卫星傍罗，辅在垣中为近侍。

【评注】

此因言辅入垣为近侍，并及三垣之形势，其若入垣落在平地，最隐微，宜察明。

右弼一星本无形，是以名为隐曜星。

随龙剥换隐迹去，脉迹便是隐曜行。

只因飞宫有九曜，因此强名右弼星。

【评注】

此因辅弼同为侍从，故一论及，要知右弼无形，凡龙之剥换跌断，串坪平坦之处，即是弼星也，所以名为隐曜星。

天下寻辅几处备，河北河南上三四。

更有终南泰华龙，出没为垣尽堪识。

南龙莫错认南岳，虽有辅星垣气弱。

却有回龙护大江，水口三峰卓如削。

北冀燕云多辅星，文随塞垣入沙漠。

两京嵩山最难寻，已被前人曾妄作。

东西垣局并长江，中有黄河曲水长。

后山屏障如负扆，不瞰秦淮枕水乡。

辅弼隐曜入大梁，却是英雄古战场。

大河九曲曲中有，辅弼二星分入首。

夫人识得左辅星，识得之时莫开口。

【评注】

此言辅星为帝垣近市，最为贵气，言河北河南终南等处，皆多辅星，以起说而见其尊贵。如人见此样的帝垣大局，于此中细细辨认之，如果能认得，切莫开口，因为此中大地地上合帝垣，为兴王之地，不可乱话于人也，此禁地也。

如何识得左辅星，次第生峰无杂形。

天门上头生宝殿，宝殿引出龙楼横。

楼上千万寻池位，水是真龙楼上气。

两池夹出龙脊高，池若倾崩非大地。

池中石是辅弼星，只分有迹与无形。

中国传统术数总集 第一辑

有迹便是真左辅，无迹便是隐曜行。

纵然不大也节钺，巨浪重重不尽说。

巨浪有帐帐有杠，杠曲生峰巧如玦。

杠星便是华盖柄，曲处生峰来作证。

证出贪巨禄文廉，武破周而复始定。

天门直指破军路，此是天门龙出序。

若出天门是正龙，不出天门形不具。

一形不具便减力，次第排来君莫误。

自贪至破为次第，颠倒乱行名失序。

一剥一换寻断处，断处两傍生拥护。

旌旛行有盖天旗，旗似破军或斜去。

看他横带入巨浪，浪滚一峰杠入帐。

帐中过去中央行，行不出中不入相。

星辰具备入垣时，怪怪奇奇合天象。

【评注】

　　此言辅弼之由来，故写九星剥换之次序形势，为大龙大局，有一项不具备，其力即减，此言天门，乃为起龙之处，千万莫认为是亥方。然一路星辰，自贪巨禄文廉武，破至辅而变低山，至弼而成阔大之平阳，方合帝垣之格，但此等样行龙，一剥一换，一跌一断，于断处看其拥卫，必有旌幢之星起，亦必横开大帐，从中出脉，如果星峰备具，真正是合紫微垣之象的大地也。

我到京师验前说，帝垣果有星罗列。

南北虽短东西长，东华水绕西华冈。

水流阙口多潆折，九曲九回朝帝阙。

南冈俨与前星仿，周召到此观天象。

上了南冈望北冈，圣人卜宅分阴阳。

北冈峙立天门上，分作长垣在两傍。

垣上两边分九个，两垣夹帝中央座。

要成垣中有帝星，皇都坐定甚分明。

君若要识左辅宿，几入皇都辩垣局。

重重围绕八九重，九重之外尤重复。

重山复锁看辅星，高山顶上幞头横。

低处恰似千官入，戴弁横班如覆笠。

仔细看来真不同，应是帝垣皆富局。

【评注】

此言京师形势，为帝垣之证，而就中以言左辅高低之形，在重山复岭之间也。

辅为上相弼次相，破禄侍卫廉次将。

文曲分明是后宫，武曲贪狼帝星样。

更有巨门最尊贵，唤作极星事非妄。

三垣各有垣内星，凡是星埋皆内向。

垣星本不许人知，若不明言恐世迷。

只到京师君便识，重重外卫内垣平。

此龙不许时人识，留与皇王镇家国。

请从九曜寻剥龙，剥尽粗龙寻细迹。

【评注】

此因左辅为上相，并及九星，皆帝垣之侍卫，又要重重围绕，而此龙必从九曜，寻其剥换之秀嫩处也。此诚杨公寻地之要诀，莫泛泛看过。

要识真龙真辅相，只看高低幞头样。

此是辅星自作龙，行有卓气真气旺。

若从三吉去作龙，随主变龙却不同。

贪狼多尖品字立，武巨方圆三个峰。

三峰节节随身转，中有一峰是正峰。

两傍夹者是辅弼，大小尖圆君莫辩。

此龙初发在高山，高处生峰多瓣颜。

有瓣须明是幞头，滚滚低来是辊球。

平地鲤鲫是背脊，有脚横排如覆釜。

若是降楼并下殿，节节于楼下传变。

贪下剥换入抛球，尖处带脚如龟浮。

此是下岭方如此，上岭逆行推覆舟。

尖圆方是品字立，世人误作三台觅。

禄存剥换蜈蚣节，微微短脚身边立。

文曲梭中带线行，曲曲飞梭巧藏迹。

廉下变为梳齿形，梳齿中央引龙出。

武曲幞头无改换，行到坪中断复断。

破下两枪相夹见，若作天戈如走电。

乱行失序出头来，又似虎狼行带剑。

缠多便作吉龙断，若是无缠为道院。

【评注】

此言辅之真象如幞头，又言左辅自行龙，真气难识，若兼三吉行龙，其形又不同，品字立三齿、断复断、夹两枪、天戈、带箭、走电等形，皆左辅带九星之体状也。缠要有护，缠愈多愈美，如孤单无从，不可用也。

右弼金

弼星本来无正形，形随八曜高低生。

要识弼星正形处，八星断处隐藏形。

隐藏是形名隐曜，此是弼星最要妙。

抛梭马迹线如丝，蜘蛛过水上滩鱼。

惊蛇入草失行踪，断脉断迹寻来无。

每自随星作过脉，脉是尊星名右弼。

左为辅星右弼星，左右随龙身上行。

行龙之时有辅弼，变换随龙看踪迹。

君如识得右弼星，每到垣中多失踪。

剥龙失脉失踪时，地上丝弦琴背觅。

若识弼星隐曜宫，处处观来皆是吉。

此星多吉少傍凶，盖为藏形本无实。

【评注】

　　此言弼星是星峰，跌断落平，以及平阳之地，皆为弼星所主。以其无高形，故名隐曜。凡如平处见微形细脉，如上滩鱼，蛛丝马迹琴背，似有似无者，皆弼星是也。此种星体脱尽罡煞，故有吉无凶。

藏形之时也没迹，却是地中暗来脉。

彼地平洋千百程，不然其中却有弼。

坪中凡有水流坡，高水一寸即是山。

只为时师眼力浅，到彼茫然无奈何。

便说无处寻踪迹，直到有山方认得。

如此之人岂可言，有穴在平原自失。

只来山上觅龙虎，又要公头始说吉。

不知山穷落平处，穴在平中贵无敌。

痴师误了几多人，又道葬埋畏卑湿。

盖因穴在水中者，更是难凭怕泉入。

不知水涨在中央，水退即同干地方。

且土两淮平似掌，也有军州落洼沥。

也有英雄在彼中，岂无坟墓与宫室。

只将水注与水流，两水夹来是龙脊。

【评注】

　　此言右弼星落平地结穴，力胜山穴。俗师不识的，只怕卑湿，乃于山上去觅龙虎，又要如公字之头，有八字之分形，方谓之吉，要知落平处之穴，水去气止在之中央，即同高地，只看一边有水流环抱，一边有死注之水，如见此活水死水，两边夹流中所现者，即龙脊是也，水流是活水，水注是死水，不可认错，即一边活水，一边死水，方有结作之称谓也。高文良公谓水注，乃死气洼下之地，叶注水流处是龙行，此言是矣，而以水注聚交锁处是龙止，则又认错，以此观之，皆不知平洋水法之论也。

非惟右弼在其中，八曜入平皆有踪。

前篇有时说平处，平里贪狼体亦同。

时师识尽真龙骨，方知富贵与兴隆。

不独九曜宜分别，前官后鬼亦应穷。

【评注】

　　此言平阳，固是右弼，而其八曜，亦入平中，特举贪狼以列其余星，察地需于此中，将八曜眠倒看之，斯为得法，而继言官鬼以起下文也。

要识前官后鬼山，官鬼全凭眼力看。

围龙忽然拖长脚，恐是鬼龙如覆杓。

覆箕覆掌是鬼龙，漫来此处说真踪。

请君细看前头穴，弗使差前失后空。

【评注】

无官不长，无曜不贵。此以下言辨官鬼，只看经文长拖脚三字，即是辨别之法。盖因长则无神，拖则无力，脚则无脉，而覆杓、覆箕、覆掌之形状，已寓长拖脚三字之中矣。此节以下，俗师入于巨门篇下，而高文良公即言疑有脱简，今依古本较之，是在九星之后，弼星下有不独九曜二句，本节圆龙上有要识二句，今皆依丁本补入。

问君如何知我落，看他尾后园峰作。
问君如何知我行，尾星摇动不曾停。
前官后鬼须细辨，鬼克我身居后面。
官星克我在前朝，此是龙家官鬼现。
真龙落处阴阳变，五行官鬼无相战。
水龙剥换火龙出，鬼在后头官出面。
坎山来龙作午丁，却把罗经差似转。
此是阴阳辨五行，不似龙家官鬼辨。
龙家不要论五行，只从龙上看分跰。
争龙夺脉是鬼气，鬼气不归龙尚行。

【评注】

此言鬼之所由落，前面结穴，要有鬼撑于后背，如尾星摇动于后，则知龙尚不住，故龙穴观背后之山，即可定前面穴结不结，官者，则列于案山之外，随案向穴者即是也。此为形家之官，不可以罗盘理气中之干支五行，去认为官鬼，但看鬼山有无争龙夺脉尔，如鬼山不包，龙行未住也。

大抵真龙无鬼山，有鬼不出半里间。

中国传统术数总集 第一辑

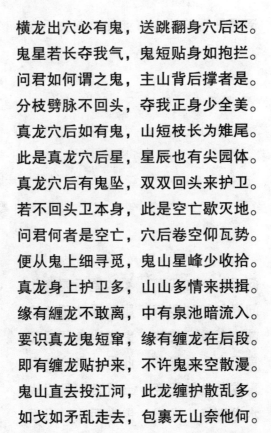

横龙出穴必有鬼，送跳翻身穴后还。

鬼星若长夺我气，鬼短贴身如抱拦。

问君如何谓之鬼，主山背后撑者是。

分枝劈脉不回头，夺我正身少全美。

真龙穴后如有鬼，山短枝长为雉尾。

此是真龙穴后星，星辰也有尖园体。

真龙穴后有鬼坠，双双回头来护卫。

若不回头卫本身，此是空亡歇灭地。

问君何者是空亡，穴后卷空仰瓦势。

便从鬼上细寻觅，鬼山星峰少收拾。

真龙身上护卫多，山山多情来拱揖。

缘有缠龙不敢离，中有泉池暗流入。

要识真龙鬼短窜，缘有缠龙在后段。

即有缠龙贴护来，不许鬼来空散漫。

鬼山直去投江河，此龙缠护散乱多。

如戈如矛乱走去，包裹无山奈他何。

【评注】

此言鬼之长短尖圆，缠护去住，有无散漫之形势。今人看鬼山以辨真龙，是认得鬼山方识真龙，不识鬼山则真龙亦不能辨矣。此为最要，学者千万莫忽视，牢记，牢记。

龙星无缠又无送，纵有真龙不堪用。

护缠多爱到穴前，三重五重福绵延。

一重护卫一代富，护卫十重宰相地。

两重也作典专城，一重只出承簿尉。

【评注】

此因言鬼山之作缠卫，而亦并言龙之缠护，愈多愈美。缠护是地大小的标志。

> 鬼山亦有真情状，形随三吉辅弼样。
> 九星皆有鬼形星，不类本身不入相。
> 贪狼鬼星必尖小，武曲鬼星枝叶少。
> 多作园峰覆勺形，撑住在后最为妙。
> 巨为坠珠玉枕形，贪作天梯背后生。
> 一层一级渐低小，虽然有脚无横行。
> 巨门多为小横岭，托后如屏玉几品。
> 弼星作鬼如围屏，或从龙虎后横生。
> 横生瓜瓠抱穴后，金斗玉印盘龙形。
> 独节鬼为辅星形，三对平如写王字。
> 三对两对相并行，曲转护身皆有意。
> 破禄廉文本是鬼，不必问他穴后星。

【评注】

此言九星中惟贪、巨、武、辅弼有鬼山，而廉、文、破、禄本是鬼形，不必于鬼中又求鬼矣。此篇鬼形原本有图，因其零落破碎，不敢臆度妄图，以俟后之知者补之。

> 破禄廉文多作关，近关大阔为散关。
> 关门定局有大小，破禄二星多外拦。
> 禄存无禄作神坛，破军不破为近关。
> 善论大地论关局，关局大小水口山。

【评注】

此因上言破禄文廉不必问鬼，而只论其作关也。大局要大关，如大关小局，小关大局，则所寻之穴必不真实。看水口星辰之大小，即知局之大小，知关之大小也。所有的道理都是和谐的。

鬼山多向横龙作，正龙多是平地落。

平地多如蜈蚣行，脚长便如桡棹行。

停棹向前穴即近，拨棹向后龙未停。

桡棹向前忽峰起，定有真龙居此地。

只看护托回转时，朝揖在前拜真气。

【评注】

此言鬼山多在横结之冈龙，并言其向前为住，向后为行，但看起峰护托，回转前抱，则关住而结地矣。

大抵九星皆有鬼，相类相如各有四。

四九三十六鬼形，识鬼便是识龙精。

问君鬼星是何意，主山后面有余气。

问君官星如何看，朝山背后逆拖山。

官是朝山有余气，与我穴后鬼一般。

官星在前鬼在后，官要回头鬼要就。

官不回头鬼不就，只是虚抛无实秀。

龙虎背后有衣裙，此是关拦拜舞袖。

虽然有袖穴不见，官不离乡任何受。

【评注】

此论鬼星官星以及龙虎后拖之衣裙也，惜三十六鬼形，杨公未全说出，后人以太华经实之，真牵混谬极矣。经中官回头鬼要就之说，真相地妙诀也，最须留意。夫龙真力猛，到结穴之时，情势趋孚最专，龙虎随从不及，故或龙或虎之背后之衣裙向外，如人逆风而行，衣襟向后，此非大龙无此，穴中不见，为之离乡煞主有离乡之贵，而高文良公以为一支一节之飞舞向外，此语固错，则叶注为拖出之山，名曰曜星，斯言大错，要知此名曜气，是无高峰，穴场上不见者也，至说曜星者，乃龙虎背后之高峰，穴场上见者也。今以曜气认为曜星，殊为大谬。

真气聚处看明堂，明堂内面要平阳。

明堂内面水潴积，第一宽平始为贵。

侧裂倾摧撞射身，急泻崩腾非吉地。

明堂内面分公位，公位真在明堂内。

请君未断左右山，先就明堂观水势。

明堂普度如锅底，横号金船龙虎裹。

直号天心曲御阶，马蹄直兮有曲徒。

明堂要似莲花水，荡归左位长公起。

荡归右位少公兴，若居中心诸公美。

大抵明堂横为贵，其次之玄关锁利。

荡荡直去不回头，虽似天心非吉地。

明堂要似衣领会，左钮右缋方为贵。

或是田垄与山脚，如此关拦锁真气。

忽然前面无关拦，水劫风吹非吉利。

请君来此细消详，更分前官后鬼位。

左胁生来执笏样，右胁生来鱼袋形。

方长象笏短鱼袋，小巧是金肥是银。

看此样形寻局势，中间乳穴是为真。

【评注】

此因官鬼而论及明堂，不过却人分背面之意，并将吉凶之处以示人也。世人亦知看明堂，往往看错，要知看水之弯转，亦须分别其宽平陡泻，要砂脚之内弯，而舍其砂脚之外长，看一节之偶转，要认大势之归否，砂身回则明堂横而之玄，砂脚回必观锁，如笏贵其方长，如鱼贵其小巧。而叶注以明堂为证穴之用，是不知穴法之奥，何苦盲解也。至其中言公位，实为定论，其他皆讹说也。

中国传统术数总集 第一辑

赐带鬼形如瓜瓠，二条三条左转去。

回头贴来侍从官，前案横交金玉盘。

玉盘赐将金盘相，左右是人心眼上。

重数如多赐亦多，一重未许金犀磨。

二重是犀三金带，横转穴前官转大。

子孙三代垂鱼袋，右上三鱼虎身外。

三代子孙带扣金，三重横盘龙外寻。

四重既是赐金玉，重数如多福最深。

此是龙家赐带鬼，莫将龙向右边临。

玉几方屏巨门形，身后是几几外屏。

几屏须要问前后，未有屏先几后生。

几屏如在后头托，此是公侯将相庭。

【评注】

　　此论最吉之鬼星，鱼袋从虎砂外生，赐带从龙砂生来，如带抱身，重数愈多福愈厚，如横交案前者，三重为金盘，四重为玉盘，玉几方屏鬼，如玉几抱穴，屏列几后，主封拜之贵也。赐带鬼图其形不独在穴前，即落脉行龙上，条条夹住龙身前行者，亦谓之赐带鬼，并以告知。

九星变穴

贪狼作穴是乳头，巨门作穴窝中求。

武曲作穴钗钳觅，禄廉梳齿犁鐴头。

文曲穴来坪里作，高处亦是掌心落。

破军作穴似戈矛，两傍左右手皆收。

定有两山皆转护，不然一水纳横流。

辅星作穴燕巢仰，若在高山挂灯盏。

落在低平是鸡窠，纵有园头凹字样。

此是剥换寻星穴，寻穴随龙细辨别。

龙若真时穴亦真，龙不真兮少真穴。

寻龙虽易裁穴难，只为时人未剥山。

剥龙换骨星变易，识得疑龙穴不难。

古人望龙知正穴，盖将识龙寻节穴。

识得龙家换骨星，富贵令人无歇停。

【评注】

此言随星体形认穴，经曰乳头、曰窝、曰钗钳、曰梳齿、曰犁
鳢、曰坪、曰戈矛、曰燕巢仰、曰壁上挂灯样、曰鸡窝、曰凹象，
虽只十一种，皆因星变出，而此十一种穴形，总不离窝、钳、乳、
突四字，而此四字中，亦寓此十一种之穴法，是此四字，乃总结之
论，此十一种，乃因星生名，然窝、钳、乳、突四字，杨公之
《天玉经》《都天宝照经》中已曾言之。

《撼龙经》中言九星形状，惟破禄最多，其兼带吉星之形象，
尤须细加体认，只要辨得出破禄之兼带足矣。而张子微说之五星，
廖公之九星，切不可混入，更要告诉人们的是读此经，莫认死板
格，必要灵活看，能以此经活看山体，则龙之千态万状，可以尽知
矣，何用需他求，如畏难苟安，不为详参深悟，莫谓此经不合也。
要知杨公著此经，原为地学立法，岂肯遗误后人，终究是后人不
能参悟之缘故，莫谓杨公欺误后人也。

疑龙经

唐 杨筠松

　　《疑龙经》三卷，是杨公以补《撼龙经》之未全，其精义互相发明，学地理者能把此二书，熟玩细考，印证于山川，则于认星、识龙、裁穴之用，几乎全尽矣。其吴、曾、廖、赖所撰写的文章，俱在北面之列，无能高出一级，又何况庸妄伪托之书呢？廖公曰郭景纯《葬书》最精要，其次龙经妙，真是不移之高论也。像这样的正经，近为讹注，故有辨正之作，非沽名之称谓也。

疑龙经上卷　寻龙

寻龙何处最堪疑，寻得星峰却是枝。
关峡从行并护托，矗矗旗枪左右随。
干上星峰全不作，星峰龙法尽虚辞。
与君少释狐疑处，干上寻龙真可据。
干龙长远去无穷，行到中间随气住。
面前山水虽可爱，身后护龙却反背。

君如就此问疑龙，此是歇龙送迎队。

比如斋粮适千里，岂无顿宿分内外。

【评注】

　　此言干龙之体段，干龙固不起峰于顿宿之处，则有峰起，而九星亦于此处可识。如护龙皆反背，则顿宿之处自不融结也，阳气聚是干龙中间，忽然舒平开阳，龙不如此，是纯阴无化。盖因地法以高峻为阴，平舒为阳之故尔。

龙行长远去茫茫，定有参随部伍长。

凡有好山为干去，枝龙尽处有旗枪。

旗枪也是星峰作，园净尖方更高卓。

就中寻穴穴却无，干去未休枝早落。

枝龙身上亦可裁，半是虚花半是胎。

若是虚花无朝应，若是结实护缠回。

护缠尚要观叠数，一叠回来龙身顾。

莫便将为真实看，此是支龙叶交互。

三重五叠抱回来，此就枝龙身上做。

干龙犹自随水去，护送迢迢不停住。

【评注】

　　此言干龙分枝之结，无朝应，固是虚花，即有一叠之护，亦不可认为真实，必要有朝应而护缠数重，方有结作成胎。叶注但言护从重重回抱则为结作，反遗去朝应之说，何粗略若此。

正龙身上不生峰，有峰皆是护相从。

君如见此干龙身，的向干龙穷处觅。

君如寻得干龙穷，二水交会穴受风。

风吹水劫却非穴，君寻到此是疑龙。

请君看水交缠处，水外有山来相护。

翻身顾母顾祖宗，此是回龙身转赴。

回龙便作挂钩敲，未作穴时先作朝。

朝山皆是宗与祖，不拘千里远迢迢。

穴前百官皆朝揖，千源万派皆朝入。

此是寻龙大法门，两水夹来皆转揖。

【评注】

此言回龙转结也，回龙转结者，必不在龙大尽处，只看水交水绕，水外有山聚会，对面祖山诸水会前，自是形止气蓄之地，而龙必要两水夹送也。

寻龙何处最难知，寻得星峰却是枝。

枝叶乱来无正穴，真龙到处是非疑。

只因不识两边护，却爱飞峰到脚随。

飞峰斜落是龙脚，脚上星峰一边卓。

真龙平处无星峰，两边生峰最难捉。

背斜面直号飞峰，此是真龙夹从龙。

一节星峰一节播，两节腰长号宽夹。

夹长绕出真龙前，背后星峰又可怜。

到此狐疑不能释，请向真龙寻两边。

两边起峰为护送，正龙低平最贵重。

星峰两边转前揖，揖在穴前为我用。

问君州县正身龙，大浪横江那有龙。

起峰皆是两边脚，去为小穴是枝落。

如此寻龙看两边，两边生脚未当偏。

正龙绕着中央去，破禄文廉多作关。

关拦定局有大小，破禄两星为外拦。

禄存无禄作神坛，破军不破作近关。

善寻大地寻关局，关局大小水口山。

【评注】

　　此言寻龙，要看两边护从，真龙无峰只起顶，而两边护龙到脚处，或一边生峰，或两边生峰，任他斜侧落来，只要正面向龙，不须必如摆队者，然飞峰只起一峰，如连起两峰，必腰松峡长，不能节节跌断起峰也。此等地有禄破文廉，作关作拦，而关局之大小，视水口山之大小可知矣。

　　　　　　大凡寻龙要寻干，莫道无星又无换。
　　　　　　君如不识枝干龙，每见干龙多延蔓。
　　　　　　不知干长缠也长，外州外县山为伴。
　　　　　　寻龙千里非迢递，三五百里又其次。
　　　　　　先就与论观水源，两水夹来皆有气。
　　　　　　水源自是有长短，长作军州短作县。
　　　　　　枝上节节星峰换，干上时时断复断。
　　　　　　分枝劈脉散乱去，干中有枝枝有干。
　　　　　　凡是枝龙长百里，百里周围一县判。
　　　　　　百里各有小干龙，两水夹来寻曲岸。
　　　　　　曲岸有水抱龙头，抱处寻来气无散。
　　　　　　到此先看水口山，水口交牙内局宽。
　　　　　　便就宽处平处觅，左右周围无空闲。
　　　　　　断然有穴在此处，更看朝水与朝山。
　　　　　　朝山来远同龙断，共祖同宗来作伴。
　　　　　　客山千里来作朝，朝在面前为近案。
　　　　　　如是朝迎性情真，将相公侯可立断。

【评注】

　　此言寻龙大小干枝之法，必先视干龙枝龙之水，不论干枝大小，俱要两水夹来，龙自未住，必水大曲而转抱，则龙怎必转身而住结，此非龙遇水而止，终是龙身一转，则水必一曲以抱龙也，须先看水口之曲，要有交牙之形，知其中必宽平，再看朝山朝水，要知朝山，必自祖山远分一枝为朝，故经说朝山与龙一般远，共祖同宗来作伴也。来作伴，即江南江北江西江东望空龙之意，如得朝迎真，自是大地。而叶注以水与龙俱从祖山分落，紧紧随行，一步不离，龙必靠水，水必绕龙，走至结穴处，此语大谬，如大干龙势大，水不处处紧贴，如叶言一步不离，是错会经旨，乃以尺寸方隅之眼，求识大龙，不免有以管中窥豹之诮矣。叶注好朝者，乃一山特，特生来为我作朝，保不思共祖同宗之经语乎？叶氏于共祖之义既不晓，反乱注好朝，又安知杨公望空龙之诀呢？今乃有不论其共祖与否，凭空摘一秀高峰，即认为朝山之美，贻害世人也。而高文良公亦未批出此意，是亦不知望空龙之诀，又何深责叶氏之愚昧乎？

寻得真龙不识穴，不识穴时总空说。

识龙识穴始为真，不着真龙官不绝。

真龙藏幸穴难寻，为有朝山识幸心。

朝若高时高处点，朝若低时低处针。

朝山亦自有真假，若是真时直来也。

若是假朝山不来，尖园巧画不为雅。

若是真时来入怀，不必尖园如龙马。

但有低昂起伏来，不要尖圆直去者。

直去名为坠朝山，虽见尖园也是闲。

比如贵人背面立，与我情性不相关。

亦有横立为朝者，若是横朝使衔喏。

前山横过脚分枝，枝上作朝首先下。

首下作峰或尖园，双双来朝列我前。

大作排班小衔列，如鱼并头蚕比肩。

朝余却去作水口，与我后缠相凑守。

交牙护断水不流，不放一山一水走。

到此寻穴顶明堂，明堂横直细推详。

明堂已向前篇说，更就此篇重辨别。

横城宽抱有垣星，更以三垣论交结。

交结多时垣气深，交结少时垣气泄。

长垣便是横朝班，局心便是明堂山。

钩钤垂脚向垣口，北面重重尊圣颜。

大抵山形虽在地，地有精光属星次。

体魄在地光在天，识得星光真精艺。

明堂惜水如惜血，穴里避风如避贼。

莫令凹缺被风吹，莫使溜牙遭水劫。

【评注】

此言依龙寻穴的方法，先寻朝山，次察明堂。朝山必取开面相向，定穴依朝山之高低也，不可见凭空秀丽之峰，便取为朝，惟以来去面背四字察之。此节江南龙来江北望，亦即龙分两片阴阳取也。其朝山之余，要与我后缠相凑，以作水口，而水口必要交牙护锁。既得朝山，复先定明堂，而明堂须以大中小三堂论其交结。此即三垣，莫认为天星之三垣也，总要辨别山峰之状，类何星形，因山禀九星之气，故经书上说地有精光属星次，山附于地，变生九星之形，所以说体魂在地光在天，地理家只要认得九星形状，方是至精之艺，非谓天上星辰照映于此地，如此说者，皆江湖俗师之妄谈，断不可宗，贻害世人也。明堂要水不倾泻，穴里不要山缺风吹，水不劫，斯为全局。文良公亦以之玄言水，又何专怪叶氏之谬呢。

问君如何辨明堂，外山包裹内平阳。

也有护关亦如此，君若到此细推详。

时师每到护关里，山水周回秀且丽。

踌躇四顾说明堂，妄指横山作真地。

不知夹关是周围，只是护关堂泄气。

泄气之法妙何观，左右虽回外无关。

此是正龙护关峡，莫将堂局此中看。

与君细论明堂样，明堂须要之玄放。

明堂绕曲如绕绳，绕在穴前须内向。

向内之水抱身横，对面抱来弓带样。

上山下来下山上，中有吉穴随形向。

形若真时穴始真，形若不真是虚诳。

【评注】

此言辨明堂，不光要有左右之砂，而水外仍要有关拦，有关拦则堂气固，无关拦则堂气泄，水要之玄。而去水要曲抱而横，而外堂之山要上山包落，下山包上，紧紧关闭，即外有关拦之谓也。明堂真则穴亦真，明堂假则穴亦虚假。

许诳之山看两边，两边虚穴亦如然。

外缠不回内托反，此是贵龙余气散。

龙虎背后衣裙覆，此是关拦拜舞袖。

虽然有袖穴不见，官不离乡任何受。

【评注】

此言虚假之局，乍看似有情相向，细看则向外反飞，此等最足误人，如外缠不转，内托反背，龙之气散，必无地也；若朝案重重，龙虎环抱，而龙虎背后之衣裾向外，穴中不见，主有离乡发贵之应也，不可以反背视之。此即宝照经正后离乡着紫衣之谓也。

贵龙行处有裀褥，裀褥之龙富贵局，

问君裀褥如何分，龙下有坪如龟裙。

比如贵人有坐席，又如僧道坛具陈。

真龙到穴有裀褥，便是枝龙也富足。

此是神仙识贵龙，莫道肥龙多席肉。

瘠龙虽是孤寒山，也有瘠龙出高官。

肥龙虽作贵龙体，也有肥龙反凌瘠。

问君肥瘠如何分，莫把雌雄妄轻议。

大戴亦尝有此记，豁谷为牝低伏身。

冈陵为牡必雄峙，不知肥瘠有殊分。

汉儒以山比夫妇，夫山高峻妇低去。

此是儒家论尊卑，便似龙家雌雄语。

大抵肥龙要瘠护，瘠龙须要肥龙御。

瘠龙若有裀褥形，千里封侯居此处。

【评注】

此言龙之烟褥，论及肥瘠，并识脂瘠之法。盖因瘦中有肉者，是有烟褥而无破碎，肥中有骨者，是貌厚而神举，形卑而气振也。叶氏之论肥瘠，以近穴之砂厚肥为凶，不分山龙平洋，全非杨公之旨，而误人之处，更复不浅，要知山龙不嫌肥厚，平洋近穴始以肥厚为凶也。

敢将禹迹来问君，舆图之上要细寻。

寻龙论脉尤论势，地势如何却属坤。

若以山川分两界，大河大江两源分。

其中有枝济渭汾，淮汉湘水亦长源。

干中有枝枝复干，长者入海短入垣。

若论干龙会大尽，太行碣石至海壖。

又有嵩山入韦岭，又分汝颍河流吞。

南干分枝入河内，河北河东皆不背。

葱岭连绵入桂连，又入衡阳到江边。

其间屈曲分劈去，不知多少枝叶繁。

又分一脉入东海，又登采石会为垣。

一枝分送入海门，干龙尽在江阴坟。

若以干龙为至贵，东南沿海天子尊。

如何星垣不在彼，多在枝龙身上分。

到彼枝干又难辨，枝上多为州与县。

京都多是在中原，海岸山穷风荡散。

君如要识枝干龙，更看疑龙中下卷。

【评注】

　　此言枝干，是欲分正从尔，必于干上抽枝，而此枝要干上之正枝，勿错寻旁枝之意。如叶氏之注，不过随文敷衍，已属无味，反以干龙长行，起处太老，尽处则散中腰结作为美，此语大谬，叶氏因何所据，敢作此言呢？今以中卷水窍山绝之句挨之，则中结之说，正与经旨大背，此等庸人，何可乱注此经，转令人不胜叹恨。

疑龙经中卷　辨龙

虽然已识枝中干，长作京师短作县。

枝中有干干有枝，心里能明目能辨。

只恐寻龙到此穷，两水夹来风荡散。

也有军州并大县，直到水穷山绝岸。

也有城隍一都会，深在山原隈僻畔。

今日君寻到水穷，沙砾坦然缠护窜。

右寻无穴左无形，无穴无形回转看。

回转分枝上觅穴，惟见纵横枝叶乱。

也识剥换也识缠，也识护托也识断。
只是狐疑难捉穴，穴若假时无正案。
到此之时心生疑，只望高明来剖判。
来此与君开一见，枝叶乱时分背面。
假如两水夹龙来，便看护缠那边回。
缠山去水回抱处，大抵缠山缠水隈，
护缠亦自有大小，大小随龙长短来。
龙长护缠亦长远，龙短护缠亦近挨。
大抵缠山必回转，莫把明堂向外裁。
回转之形必是面，只恐朝山塞不开。
寻得缠护分明了，更就落头分微妙。
缠山缠水分宸屏，向前宽阔看多少。
缠山缠水似案山，只恐明堂狭不宽。
山回水抱虽似面，浪打风吹崖壁寒。
请君来此看背面，水割石岩龙背见。
若是面时宽且平，若是背时岸陡建。
面是平坦中立局，局内必定朝水缓。
萦纡环抱入怀来，不似背面风荡散。
君如识得背面时，枝干寻龙自无岐。
宽平大曲处寻穴，此为大地断无疑。
详看朝迎在何处，中有横过水城护。
背后缠水与山回，会合前朝水相随。
后缠抱来结水口，前头生脚来相凑。
两山两水作一关，更看罗星识先后。
罗星也自有首尾，首尾上流尾拖水。
如此寻穴与寻龙，不落空亡与失踪。
住停上下左右手，的有真龙在此中。

【评注】

此言龙有直结，有回头之结，有到头之结，寻转分枝上结，看其缠山缠水，或大工哦，分其是向背面，而曲转宽平之处，即此是面。乃于此看落头处寻穴。水割风吹之地，必是龙背也。宽平大曲处寻穴，此节字，真是察地之金丹，此下说看朝迎、看横过水城、看后缠库水、看前朝之相随、看后缠之凑结、水口看关、看罗星之首瘦长尾拖、分局内外，以此观之，足见杨公何等周详慎密。如此层层细察，方不至错下空亡之龙，不像今人每至坟前，放罗盘一格，将眼四面打围一看，复将算课中所用之四长生，在手一排，便曰此处吉彼处凶，穴非正穴，并不格龙察水，背自有定见矣。而叶氏遗去寻落头一节之注，夫落头者，即山止之处，如此看山看水，看背看面，原山势之起伏者，《葬书》原其起而乘其止之义也。

> 忽然数山逼水穷，水合数山来相从。
> 君如看到护送山，上坡下坡事亦同。
> 初疑上坡是真穴，看来下坡也藏风。
> 二疑更看上下转，山水转抱是真龙。
> 夹龙身上亦作穴，此处恐是双雌雄。
> 虽有两穴分贵贱，分高分下更分中。

【评注】

此言数龙相会，俱于此结，俱有穴形，是真龙护龙并结，为之双雌雄，其穴自有贵贱，只看中间之界，以分高下，总以水转抱为法。叶氏此注良是，而高文良公经叶氏所影响，硬定以水抱为谬，此言未确，吾不敢以爵位而媚文良公，亦不敢昧叶氏之是理处也。

> 也有真形无朝水，只要案山朝有礼。
> 朝水案外暗循环，此穴也分中下体。
> 唯爱案山逆水转，不爱顺流随水使。

顺流随水案无意，此处名为破城裹。

若是逆水作案山，关得外垣无走气。

【评注】

此言无内水，有朝山之地，却要水暗朝于案外，而案要逆水之案山，始无走气，为上等之局。

也有真形无朝山，只要诸水聚其间。

汪洋万顷明堂外，内局周围如抱环。

钩钤键闭不漏泄，内气无容外气残。

外阳朝海拱辰入，内气端然龙虎安。

【评注】

此言落平无朝山，有我表示问候等聚之地，如龙虎环抱气固，只要外气不残内气，而支水自外拱入，内气安然，始可穴也。叶氏说外气残有二种，又说穴气为内气，水神为外气，配龙之水，为内气主水，他山流来之客水为外气，外气之残内气者，穴山低而水浩大，是水气残山气也，必不败绝，配龙之水，要与龙穴相会，未会之先，不要客水乱入，若客水入注水于明堂之内，主客乱杂，龙穴不得配，亦为外气残内气也，无朝之所，不犯上二种为美，此说良是，时为摘出。至称龙气受水气之残，终主绝灭，无法可救，又说水主受阳，龙虎得力，尚可为之语，皆似是而非之说，殊不知众山不归，诸水安得聚，众山归而诸水聚，又安得谓之受伤，且下文杨公又言干龙行尽若无鬼，须看众水聚何处，可见叶氏竟未细玩经旨粗心浮气，而作此自相矛盾之语也。

枝干之外分背面，背面分处疑难辨。

纵饶背面能分断，面是宽平背崖岸。

假如两水夹龙来，屈曲翻身势大转。

一回顿伏一翻身，一回转换一跌断。

两边皆有山来朝，两边皆有水抱岸。

两边皆有穴情形，两边皆有山水案。

两边朝迎皆是羡，两边明堂皆入选。

两边缠护一般来，两边下手皆回转。

此山背面未易分，心下狐疑又难辨。

不应两边皆可穴，大小岂容无贵贱。

只因花穴使人疑，更看护身脚自辩。

莫来此处认真龙，两水夹龙龙转面。

逆转之龙有鬼山，鬼山拖脚背后环。

识得背面又识鬼，识鬼之外又识官。

官鬼已向前篇说，更就此中重分别。

大凡干龙行尽处，外山隔水来相顾。

干龙若是有鬼山，回转向前宽处安。

凡山大曲水大转，必有王侯居此间。

也有干龙夹水逝，更不回头直为地。

只是两护必不同，定有护关密交缔。

干龙行尽若无鬼，须看众水聚何处。

众水聚处是明堂，左右交牙锁真气。

如此明堂方是真，锁结交牙最为贵。

【评注】

此言能识干枝，能分背面，亦要识龙之翻身大转。须知龙至顿伏后，多翻身转换处定跌断也。如若两边有山水，有水抱岸，有穴形，有山水案，有朝迎，有明堂，有龙护，有下手，皆回此等之山，背面难分，却于护身脚上辨这自得。而逆转之山，必有鬼山拖脚，后环识鬼，更要识官也。有鬼之龙转结，无鬼之龙直结，转结要有鬼，直结要临聚水，至干龙夹两水直结者，要两护交结为关。而叶注谓之空有四假，龙有四假，局有四假，共十二花假之语，高文良公谓此为庸下时师之说，何可引以注杨公之书，此言甚是，夫花假之地，岂止十二，真有千端万绪，若约言之，面是真，背是假，只此一言可了，又不须十二之多也。杨公此识背面反复，以示后人，可见花假真情，尽在背面两字之中矣。

> 问君疑龙何处难，两水之中必有山。
> 两山之中必有水，山水相夹是机缘。
> 假如十条山同聚，必有十水聚一处。
> 其间一水是出门，九山同来作门户。
> 东上看西西山好，西上看东东山妙。
> 南冈望见北上山，山奇水秀疑是间。
> 北冈望见南山水，矗矗尖园秀且丽。
> 君如遇见此局时，两水夹来从何识。
> 与君更为细辨别，先分贵贱星罗列。
> 更须参究龙短长，又看顿伏星善良。
> 尊星不肯为朝见，从龙虽来桡棹藏。
> 贵龙重重出入帐，贱龙无帐空雄强。

【评注】

此先言众山会聚难分，而用辨之之法，众山会聚，似皆有结作，必须辨出正龙，其辨别之法：先看祖山贵贱，次看龙之短长，又看龙之顿伏，宗山之善恶，又看他人之朝与否，又看从龙之桡棹退护他人与否，又看帐之多少有无。杨公细细写出，以示后人，真良工之苦心也。夫此处原本不断，因系辨龙要诀，故截开注之，以明辨龙之法。

> 十山九水虽同聚，贵龙居中必异常。
> 问君如何分贵贱，真龙不肯为朝见。
> 凡有星峰去作朝，此龙骨里福潜消。

譬如吏兵与臣仆，终朝跪起庭前伏。

那有精神自立身，时师浪说同关局。

朝山护从岂无穴，轻重多与贵龙别。

龙无贵贱只论长，缠龙绕出前更强。

若徒论长不论贵，缠龙有穴反为良。

只恐寻龙易厌斁，虽有眼力无脚力，

若不穷源论祖宗，也寻顿伏识真踪。

古人寻龙寻顿伏，盖因顿伏生尖曲，

曲转之余必生枝，枝上必有小关局。

譬如人行适千里，岂无解鞍并顿宿。

顿宿之所虽未住，亦有从行并部曲。

顿伏移换并退卸，却看山面何方下。

移换须从面看山，山回却有迎送还。

迎送相从识龙面，龙身背上是缠山。

缠山转来龙抱体，此中寻穴有何难。

古人建都与设邑，先寻顿伏试龙关。

升虚望楚与陟巘，此是寻顿将峰辨。

降观子桑与降原，此是寻伏下平田。

度其阴阳挨于日，南北东西尚无失。

即景乃冈与景京，此是测气辨龙形。

逝彼百泉观水去，瞻彼溥原观水注。

或陟南冈与胥原，是寻顿伏非偶然，

古人卜宅贵详审，经旨分明与后传。

【评注】

此言贵龙不与人作朝，而作朝必贱，然龙固喜长，更要缠长于正龙，抱护于外，若足不能远追其祖宗，则顿伏之处，必欲追寻星之善恶，盖顿伏之处，必生峰曲转，分枝开阳，看山面之退卸于何方，以寻小关局也。至说寻回山，识龙面，背上缠山，龙抱体，皆是分背面之意，如此有缠有抱，有迎有送，从此寻穴，有何难哉？穴既寻得，须以三般大卦以挨之，则向自不失也。古人一段，是以古人作证，以见古人于地理，莫不不皆然。

疑龙经下卷　认穴

龙已识真无可疑，尚有疑穴费心思。
大抵真龙临落穴，先为虚穴贴身随。

【评注】

此卷系论穴真假，然真假有何难辨，惟以杨公所说穴不起顶，非真假之语求之，则真假立见，何用十二花假之伪造？用此十二花假，是不善地理者也。叶氏谆谆言此十二花假，亦已庸矣。夫穴为阴阳二气之交，气行平地中，其行也，因地之势，其聚也，因势之止，人能帮其势而乘其止，断无不得真穴，其言花假者，究系不能原其势，乘其止之人也。要知窝钳乳突四法，即原势乘止之妙用，安可视为另一家法呢？

穴有乳头有钳口，更有平坡无左右。
亦有高峰下带垂，更有昂头居陇首。
也曾见穴在平洋，四畔周围无高冈。
也曾见穴临水际，俗人竟说无包藏。
也曾见穴如仄掌，却与仰掌无两样。
也曾见穴如直枪，两水射肋似难当。
更有两龙合一气，两水三山同一场。
君如识穴不识怪，只爱左右拖者强。

此与俗人无以异，多是葬在虚花里。

虚花左右似有情，仔细辩来非正形。

虚花作穴更是巧，仔细看来无甚好。

怪形异穴人厌看，如何子孙世袭官。

只因怪形君未识，识得怪穴却无难。

【评注】

此论穴之真假怪异大象，示人识真穴之怪异，不可认好看之假形也。而高文主良公说，法穴一说，世人皆以流传廖公之九星及窝钳乳突四象为金科玉律，牢为可破，于是九星又有九九八十一变，四象又有四四一十六法，谬种流传，自误误人，为祸日炽。文良公斯言固是，但窝钳乳突四法，曾见于杨公正经之中，安可视为另一家法呢？若以廖公之九星，并八十一变，一十六法为伪，此言的是也。且撼龙经言九星变穴，即有十一种，而文良公只认七种，是认穴法亦有遗漏，而文良公之言，亦未足为定论也。因星定穴，故言贪乳巨窝，而此十一种穴形，未有不依此四象为法，且杨公曾说空不起顶非真穴，此句已寓窝钳乳突四法，则认九星以辨穴之义，亦珍其中，文良公无乃有专任偏执之嫌乎？要知穴法惟此四法，其他倒杖、道法双谈、五大乘气、五星穴法、穴法倒影、立锥赋、催官篇、星砂赋、奇验经、穴情赋、晕法、一粒栗、二十四葬法、黍米珠歌、至宝经、三宝经、葬法、天宝、神宝、杨公怪穴赋、寸金赋、廖公怪穴辨惑歌、玉髓经、黄妙应穴法、二十四歌、喝形等，皆后人托名伪造之书。所以无学之人，遵奉确守，自害害人，流毒甚炽。呜呼，孰能起而正之，然无如世人不讲，正传绪绝，深增浩叹。余今录出，以告好学者先识法之真伪，自然穴之真假亦晓然在视也。

识龙自当合识穴，已在变星篇内说。

恐君疑穴难取裁，好向后龙身上别。

龙上星辰是根荄，前头形穴是花开。

根荄若真穴不假，盖因种类生出来。

若不识星识根种，妄随虚穴凿山隈。

请君熟认变星穴，为钳为乳细分别。

高山平地穴随星，岂肯妄为钳乳穴。

穴若不随龙上星，断然是假不是真。

请君更将旧坟复，贪星是乳武钳局。

【评注】

　　此言定穴当认龙，以穴从龙生，若穴不从龙出，即假穴也。变星篇，即撼龙经中贪狼作穴是乳头一章，而后之俗师，以篇中无变星字，遂伪造变星篇附疑龙经之后，意义驳杂，卦一漏十，似是而非之论，未可遵用。叶九升认为杨公之书乖谬极矣，无识极矣。因古本所无，今皆删除不录。

州县京国多平洋，也有城邑在高冈。

淮属州县在水尾，濯峡山岭是城隍。

随他地势看高下，不可执一拘牵也。

千万随龙寻穴形，此说定能分真假。

冀州壶口落低平，盖因辅弼为垣马。

大原落处尖似枪，盖原廉破龙最长。

建康落在坡平地，盖因辅弼星为体。

大梁平坦古战场，熊尔为龙星可详。

长安帝垣星外峙，巨武行龙生山势。

京师落在垣局中，狼星夹出巨门龙。

太行走如河中府，入首连生六七峰。

入首虽然只是山，落处却在回环间。

此与窝钳无以异，只在大小识形难。

中国传统术数总集　第一辑

【评注】

　　此就建都邑之形，以明穴法。是随星之义，阳基若此，则阴地之结作亦是随星结穴，不过阴地之形局有大小之分尔。可见相地应放开眼界，先明大势也。

> 我观星辰在龙上，预定前头穴形象。
> 为钳为乳或为窝，或险或夷或如掌。
> 历观龙穴无不然，大小随形无两样。
> 此是流星定穴法，不肯向人谩空诳。
> 更有二十八舍间，星穴裁来最为上。

【评注】

　　此承上随星知穴，故看龙上之星，即知穴之形，历观龙穴，莫不皆然，更有二十八舍裁穴尤为至妙，但二十八舍星穴之法，惜已失传，后人妄以己意实之，殊为乖谬。而叶氏大注平洋有三十六水钳系郭公所著，可于彼中悟之，斯言大错，要如三十六水钳，文良公批为极陋之伪书，叶氏何可如此立说，贻悮后人，无学甚矣。

> 大凡识星方识龙，龙神落穴有真踪。
> 真踪入穴有形势，形势真时寻穴易。
> 不识形势穴虽穷，左右高低法未通。
> 要认高低并左右，惟有朝山认正龙。
> 高低只取朝山定，莫言三穴有仙踪。
> 千里来龙只一穴，正者为优傍者劣。
> 枝上有穴虽有形，不若干龙为至精。
> 龙从左来穴居右，只为回龙方入首。
> 龙从右来穴居左，只为藏形如转磨。
> 高山万仞或低藏，看他左右及外阳。

左右低时在低处，左右高时在高冈。

朝山最足证龙穴，不必求他玉尺量。

正穴当阳必有将，有将便宜为对向。

穴在南时北上寻，穴在北时南上望。

朝迎矗矗两边遮，向内有如鸡见蛇。

对面正来不倾侧，绕方移步便欹斜。

只将对将寻真穴，将若正时穴足夸。

乳头之穴怕风缺，风若入时人绝灭。

必须低下避风吹，莫道低形龟裙绝。

钳穴入钗挂壁隈，惟嫌顶上有水来。

钗头不园多破碎，水倾穴内必生灾。

仰掌有在掌心里，左右挨排恐非是。

窝穴须要曲如窠，左右不容少偏陂。

偏陂不可名窝穴，倒侧倾摧祸奈何。

尖枪之穴要外裹，外裹不牢反生祸。

外山包裹穴如枪，左右抱来决无妨。

山来雄勇势难歇，便是尖形也作穴。

只有前山曲抱转，针着正形官不绝。

【评注】

此言龙之结穴，必有水环砂绕，案列朝迎之形势，始见真踪，虽见此形势，不知从何针穴，惟有向朝山以定高低左右也。并言看龙之回顾、看左右、看朝山、看对将，以捉穴法甚精详，次言乳穴之怕风缺，钳穴之嫌顶水，仰掌当心，窠穴恶偏，尖枪吐露，宜忌分明，诚为定断。但此节中左右高低如何针之句下，较余古本，无且如穴形九句，想此九句，乃喝形点穴之法，杨公原无此法，何此节中有此数句，殊觉迥然不群，想亦是后人为喝形一途立案，故增此数句入颖龙经内也。今因古本无此数句，故录出以告好学者。

穴法至多难具陈，识得龙真穴始真。

真形自是有真穴，识得真形穴穴新。

大凡寻穴非一样，降势随形合星象。

比如铜人针灸法，穴的宛然方始当。

偶然针灸失真机，一指隔差连命丧。

大凡立穴在人心，心眼分明巧处寻。

重重包裹莲花瓣，正穴却在莲花心。

真形定是有真穴，只为形多难具说。

朝迎护从亦有穴，龙穴虽成有优劣。

朝山若是有穴时，此是真龙断不疑。

朝山逆转官星上，又作星形分别枝。

虽然有穴非大器，随形斟酌事咸宜。

大凡有形必有案，大形大穴如何断。

譬如至尊坐明堂，列班排衙不撩乱。

出入短小量不宽，皆是明堂与案山。

明堂宽阔气宽大，案山逼迫人凶顽。

案来降我人慈善，我去伏案贵人贱。

龙形若有云雷案，人善长年亦长远。

龙虎若遇蛤与狸，虽出威权势易衰。

略举此言以为例，请君由此细寻觅。

【评注】

　　此言针穴要的，一差即凶，又以莲花比穴，则瓣是包裹，莲心为穴，足见无包护非穴，而穴以朝案为至要，如朝案无情，终为下劣假局，惟朝案有情，则为真穴，又不可舍窝钳乳突四法，第安有顽秀，不可概视，须细心从事也。

　　周家农务起后稷，享国享年延八百。

秦人关内恃威权，吞灭诸侯二世绝。

此言虽大可喻小，嵩岳降神出申伯。

大抵人是山川英，天降圣贤为时生。

祖宗必定有宅兆，占得山川万古灵。

【评注】

此言享年延远，与短促之易败者，皆由祖宗葬地之由来也。

试言裁穴出机巧，穴法精争真微妙。

假穴斩关莫道真，正穴正穴都差了。

京国丹徒之后山，常有云气在其间。

曲阿之中有真穴，却被刘侯斩一关。

斩关之穴始于此，只得二世生龙颜。

后来子孙即凋丧，盖为正穴寻真难。

孔恭以为不凿坏，可以数世王无难。

我今复此旧坟垄，乃知垣局多回环。

【评注】

此言正穴悠久，斩关虽发，终是易败，引丹徒以为易败证验。

今人裁穴多论向，更不观星后龙上。

观星裁穴始为真，不论星辰是虚诳。

【评注】

此言裁穴观星是定穴至要也，能观星即得真穴。

君知天地人三劫，劫去不回气漏泄。

天劫龙身仍去矣，地劫穴前有长策。

人劫即从向上求，向前朝远堪悠悠。

有人认得三般劫，子子孙孙福不歇。

天劫虽去脚回来，远转穴前拦水回。

中国传统术数总集　第一辑

地劫策长水横积，初下有灾后有得。

人劫朝山虽远直，只要有情无别意。

三劫如能辨得时，便认漏胎与泄气。

龙有漏胎泄气者，皆从三劫推奥秘。

问君天劫如何说，天劫又去作他说。

已去又复分脚转，拦在地前看优劣。

水去五六里还回，悠悠扬扬复转来。

水若回来山即转，便知天劫不为灾。

地劫穴前原有策，玄武策长正谓此。

退田笔动土牛走，其实玄武长而也。

虽长山下水横拦，地劫翻然增福祉。

人劫知当向上招，面前空阔见远朝。

只只真来若横抱，信知人劫不为妖。

龙随经中究至理，漏胎泄气如此尔。

【评注】

此言穴有三劫，天劫者本龙去而不回也；地劫者穴下玄武吐长舌也；人劫者面前空旷无朝应也。盖因天劫泄穴之阴气，地劫为漏胎，人劫明堂太宽，风来荡散，则泄穴之阳气，故三劫皆为穴之病。然三劫固凶，若天劫回头顾穴，地劫则有水拦，人劫朝山有情，则反不为凶，转而为吉也。至于平洋水龙，亦依此法求之，方无遗憾也。

疑龙经辨伪　补助

在钦定古本《疑龙经》中，并后无疑龙十问，卫龙篇，变星篇。高文良公以十问等篇语句，赶不上二经出言古朴清秀，率皆俗陋之语，固断此皆非杨公真书，今古本既无，则伪托更确，故亦删除不录也。此范宜宾公不愿录入之因，但一家之言，不知其否？在此，为让大家有所知，特录入但不做评注，望谅解。

疑龙经十问

△第一问：抱养及僧道嗣续在《疑龙经》如何说？

问君葬者乘生气，骨骸受福荫遗体。此说尚有一可疑，抱养之儿非己子。僧道嗣续是外来，如何却也能承继？与君详论古人言，举此大略非徒然。骨骸受气荫遗体，此理昭我不容议。却将僧道并抱养，辨论如何同己子。此说诚然是可疑，固宜穷理细寻推。人家生出英豪子，便是山川钟秀气。山川灵气降为神，神随主者家生人。此山此穴认为主，即随香火降人身。古人尝有招魂葬，招魂天人可为样。招魂葬了祀事严，四百年间汉家旺。何拘骸骨葬亲生，只要祀事香火明。亦有四五百年祖，棺椁骸骨化为土。子孙千百尚荣华，人指此山谁是主。此山此穴有主者，神灵只向此家住。山川秀丽来为嗣，岂虑其家无富贵？山川日夜有朝迎，生出为人亦如是。乃知抱养与亲生，同受生灵无以异。故人接花接果义，与此相参非与是。后母却荫前母儿，前母亦荫后母子。只缘受恩与受养，如同所生并同气。以此言之在继承，只与香火无衰替。乃知招魂与抱子，僧道相承皆类此。

△第二：问公位房分《疑龙经》如何说？

问公如何分公位，父母生时无少异。间或生时有爱憎，死后何由别荣悴？譬如一木同根生，一枝枯悴一枝荣。荣者芬芳日夜长，悴者日就枯槁形。此后遂有公位议，分长分中分少位。爱憎之说起于心，荣枯之说归于地。心有爱憎死却无，地有肥硗此近似。东根肥即东枝荣，西枝硗云西枝瘁。要知此说未为当，似是如非当究理。左长前中右少位，此说当初自谁起。请君来此细排详，因别长男中少位。震为长子居左方，坎为中男坐来冈；艮为少男坐东北，乾统三男居坎傍；坤为地母西南位，长女东南中午地；兑为少女在西方，此是乾坤男女位。若以此法论阴阳，男居左傍女西厢。中子后龙中女向，自有次第堪推详。爰自萧梁争公位，却以玉鹅埋震地。震为长子起春宫，遂起争端谋玉器。公位之说起于斯，断以长震中居离。少居兑位四同长，五与二位分毫厘。六与少男无差别，七与长男同共说。八与五位共消详，九与三男排优劣。此是河图分九宫，上远一四七相同。中元二五八同位，下位三六九连此。后来执此为定议，只就河图分次第。

△第三：问公位房分盛衰《疑龙经》如何说？

问君公位虽能别，或盛或衰是何说？也有先盛后来衰，也有衰尽复萌蘖。此理如何合辨明，时师廖以水宫折。不知年久世成深，岂有长盛无休歇？山川之秀虽盘固，气盛气衰有时节。代代长盛者无他，后来接续得吉多。衰者后来无救助，年深气歇渐消磨。凡言公位勿固执，先看其人数代祖。新旧数坟皆是真，新者必为旧者助。如是之家世民昌，福禄未艾不可量。是真不必问大小，积小成大最为妙。是者一坟非者多，纵有大地力分了。譬如杯水救薪火，水少火多难救祸。是多非少反成吉，譬如众水成江河。岂无一穴分公位，不取众坟参合议。大地难得小易求，积累不已成山丘。众坟合力却成大，人说小地生公侯。那堪大地有数穴，世世公侯不休歇。凡观巨室著姓家，必有大地福无涯。子孙百世虽分散，内有救地多荣华。一穴大地荫十世，小地千坟亦如是。骐骥千里进一日，驽马十驾亦追至。图大不得且思次，此事当为知者议。

△第四问：阳宅阴宅《疑龙经》如何说？

问君阳宅要安居，此与安坟事一如。人家无坟有善宅，宅与阴地力无殊。大凡阳宅性穴小，穴小只宜安坟妙。小穴若为轮奂居，气脉伤残俱凿了。况是子孙必众多，渐次分别少比和。一穴裂而为四五，正偏前后岂无讹？大凡阳宅要穴大，宽阔连绵又平伏。前头横玉面前宽，可为市井于内外。如此方为阳宅居，窄小难容君莫爱。

△第五问：阳宅阴地大小《疑龙经》如何说？

问君阴阳有两宅，古人此事要分别。吕才详论有成书，论已分明无别说。要知居止只要势，水抱山朝必有气。忽然陡泻朝对倾，破碎斜倾非吉地。下手回环朝揖正，坐主端严无返柄。纵饶小大也安和，住得百年家业盛。葬穴宜小居穴大，葬穴侧立居穴宽。

△第六问：主山客山疑龙经如何说？

问君主客皆端正，两岩尖圆两相映。主是三山品字安，客亦三山形一般。客山上见主山好，主山上见客山端。此处如何辨宾主，只将水抱便为真。水城反背处为客，多少时师误杀人。凡观疑穴看堂局，堂局真处抱身曲。忽然平过却如何，即以从缠分部属。缠送护托辨假真，朝山无从托龙身。朝山直来身少曲，真龙屈曲不朝人。

△第七问：形真形假《疑龙经》如何说？

问君龙固有枝干，识得枝中干分乱。故为干上忽生枝，枝上连生数穴随。此是枝龙间旺气，譬如瓜蔓始生枝。分枝枝上连生子，生子之形必相似。或如人形必数穴，禽兽之形必同列。凡为形穴必两三，盖缘气类总如一。是故流形去结实，连生种类配偶匹。蛇形必定有雌雄，虎形相配无单只。大山峡里莫寻蛇，恐是高山脚溜斜。若是真蛇有鼠蛤，如无鼠蛤是虚花。或是蜈蚣出面来，亦有蚰蜒为案砂。大山猛勇莫言虎，恐是朝迎为主住。重峰拜舞似虎行，若是真虎无阙屏。更有肉堆狮子案，如无此案是朝迎。凡辨真假易分判，若是假穴无真案。若是真形案必真，人形人物两相亲。兽形降伏如贪噬，禽形必有条为系。龙形云雷象近水，月形星案前陈起。凡是真形有真案，试以类求当识算。

△第八问：干作枝衰《疑龙经》如何说？

问君前经论贵贱，上是侯藩次州县。干龙多是生王侯，枝作干龙亦蕃衍。此说分明尚有疑，试举一说为君辨。前言盛衰固有为，枝上又生数条枝。节节为龙自有穴，已作未作气自随。胡为上作下必歇，亦有下作上必衰。既饶气脉相连接，自有气脉非相依。如何盛衰尚关属，为君决此一狐疑。盖小枝龙气脉短，又出小枝无转换。随龙附气气不长，大势上连枝上干。干头未作枝先兴，枝上未作干先荣。枝上未作干后作，干长枝短力难争。恰似一瓶生数嘴，嘴小口大生水利。不从口出嘴长流，口若尽倾嘴无水。又如大树生小枝，小枝易瘦大枝肥。大枝分夺全气去，小枝不伐自衰赢。更看新作与旧作，年年深浅自可知。

△第九问：穴有花假《疑龙经》如何说？

问君前论穴难寻，唯有朝山识幸心。高低既以朝为定，真穴自可高低计。只缘前后有花假，假穴在后亦堪下。花穴多生连案前，朝山对峙亦如然。若将前相为证验，前后花假便不偏。到此令人心目乱，更有一说与人宣。假穴断然生在后，龙虎虽端涯必溜。穴中看见龙虎回，外面点检山丑走。花穴如何生在前，盖缘连臂使其然。连臂为案横生穴，案外有脚铺茵毡。其间岂无似穴者？但见外朝尖与圆。疾师误认此花穴，不知真穴秘中垣。前花后假人少识，此法元来秘仙籍。景纯虽然不著书，今日明言不容惜。花穴最是使人迷，后龙断妙朝又奇。如何使人不牢爱，只有一破余皆非。案山必然向里是，花穴无容有回势。朝山只有顶尖圆，定有脚手丑形随。若登正穴试一看，呼吸四围无不至。又有花穴无人知，龙虎外抱左右飞。盖缘正穴多隐秘，或作钗钳或乳垂。龙虎数重多外抱，龙上看虎左右归。虎上见龙左右抱，或从龙虎上针之。不知止穴尚在内，凡是穴郭曲即非。曲是抱里非正穴，请君以此决狐疑。

△第十问：龙体博换《疑龙经》如何说？

问君寻龙莫失踪，三吉自有三吉峰。前去定作贪狼体，时时回顾火星宗。及至剥入辅弼去，犹作小峰顾祖宗。如何变星剥换了，却与前说事不同。盖缘干龙行千里，一剥一换一峰起。由贪入巨入禄文，次第变入廉武里。破军尽变入辅弼，每星十二大盘屈。蛇行鹅顶鹤爪分，失落低平骏马奔。如此行来又数程，博换变易又前行。前行直到藩垣里，四外有山关水至。低平尚有辅弼形，此是入垣寻至止。干龙行不问祖宗，枝上顾祖却不同。干上剥换节节去，枝上落穴必顾宗。干龙一变少亦九，多者或至十二重。一星十二节始变，周而复始换头面。贪尖巨方小卧蚕，如此周围换尽贪。换贪若尽即入巨，亦如贪狼数节去。多至十二少九变，却变禄星分台去。禄存节数如贪巨，换了文廉又至武。博换若周即转星，辅星三四弼起程。弼星入手必平漫，辅星入首多曲形。此是变星变尽处，变尽垣城四外迎。凡观一星便观变，识得变星知近远。远从贪起至破军，换尽龙楼生宝殿。虽然高耸却不同，还是尖峰高山面。一博一换形不同，岂可尽言顾祖宗？君如识得变星法，千里百里寻来龙。谁人识得大龙脊，山正好时无脚力。裹费不惜力不穷，其家世代腰金紫。凡看变星先看断，断处多时星必变。如此断绝曲屈行，高入青冥变鹤形。鹤形渐低必断绝，断绝复起是变星。却从变星辨贪巨，或是廉文武禄存。只以变星逆求程，识得变星节数法。不必论程穷脚力，只从变尽至弼星。岂愁不识得垣城？

疑龙经卫龙篇

辅弼入垣星既晓，缠送护托皆明了。

如何尚有傍明星，此星能明最精妙。

左侍右卫形如何，此龙生处苦无多。
除却天池并夹辅，高山顶生有平波。
天地之水满则溢，侍卫之水随龙入。
深入坎井不闻声，恰似尾闾没无疏。
道是天地又却非，二山环合使人疑。
不知龙自不央过，两边侍卫贴身随。
要在前侍并后卫，只有一丛贴身体。
正龙高枝侍卫低，前池未满后池继。
看来彷佛似天地，只有流泉活处低。
或由田源水入次，或有干窠如环随。
两池相逐前后卫，两池相夹左右同。
此是贵龙亲待卫，高处是首低是尾。
只观水流与不流，水若深潜是卫气。
龙身若有此真形，一百里外垣城生。
分垣远去似不顾，垣穷尽处面前横。
垣中横水从中过，远缠如带五里生。
坦前外列如打围，坦气足时无缺破。
垣前水直入垣来，曲转东西垣亦开。
却有随龙小溪涧，弯环抱体常低徊。
横城水绕太微势，直朝射入紫垣气。
百源来聚天市垣，一水抱曲是天园。
更有天苑内无润，却有大水环三边。
平洋宛然是紫气，河中河曲是天市。
关中只是天苑垣，伊洛亦合是天肆。
京师华盖是前星，东京三水入中庭。
燕山最高象天市，天市碣石转抱萦。
太行之东有天市，马耳峰上有侍卫。
长江环外有三结，三结坦前水中列。

中垣巳是帝王州，只是垣城气多泄。
海门环合似天市，天目天池生侍卫。
万里飞腾垣外色，海外诸峰补垣气。
盛衰长短固有时，亦是山川积气围。
略举诸垣与君说，更有难言谁得知？
上相次相既列上，上将次将必也两。
上卫次卫必居中，所论卫龙合天象。
山川之气上为星，星辰列次应出形。
仰观星象储察理，卫龙内坚随龙行。
只是贴身不关峡，以此可见天地情。
略言侍卫贴龙体，详别流星入无底。
卫山环合夹龙身，此是垣关常紧闭。
屠龙不如且抵此，多为龙少却成痴。
大言无当下士笑，或笑或取吾何辞。

疑龙经变星篇

疑龙尽说总无疑，直龙藏幸便宜知。
识得真龙结作处，岂逃真假干兼枝。
贪狼一变巨门星，星方磊落如屏形。
顿笏顿钟如顿鼓，辅弼随行变禄存。
禄存带禄为异穴，异穴生成鹤瓜形，
鹤爪之形两边短，一距天然撑正身。
此是禄存带禄处，长短之穴为正形。
起顶或成衣冠吏，短短低生左右臂。
左臂短如插笏形，右臂短如佩鱼势。

时师至此多狐疑，却嫌龙虎不缠卫。

也有龙虎两头尖，左纽右纽休要嫌。

也有龙虎生石觜，时师到此何曾喜。

也有穴在大石间，也有穴在深潭里。

也有左长右枝短，也有左短右枝长。

也有主山似牛轭，也有前案如拖枪。

世俗庸师多不取，那知异穴生贤良。

有如贪狼变文曲，撒网之形非碌碌。

撒网之形似牛皮，不着绯衣多食禄。

有如贪变破军相，天梯隐隐如旗样。

旗山若作盖天旗，旗下能生君与相。

有如破军变贪狼，贪狼入穴如拖枪。

拖枪之穴人嫌丑，只缘缠护两山长。

贪变廉贞梳齿样，长枝有穴无人葬。

人言龙虎不归随，那知葬了生公相。

识作辅星变星篇，但是阴阳地理仙。

凡遇龙神都照破，只缘心镜已昭圆。

《疑龙经》后总序

《撼龙经》《疑龙经》二经，乃杨公为地学形法之书，其言星立形，写星变象，起顶开帐，顿跌转换，山龙、冈龙、平龙之去止回旋，老嫩局势，历历如画。然其中辨龙干枝，认龙去止之处，固为不少，而于审视前官后鬼、缠护关拦、明堂水口、朝山对案之诀，指示尤多。盖因在干枝去止处易数，独官、鬼、朝、案、缠护、关拦等，夹杂难识，而杨公乃于官鬼等处，必反复详言告知者，是要人先于难处认明之意尔。要知人能于难处分明青白，则龙之为干为枝、或去或止、何者为关、何者为缠，以及朝案明堂、龙虎水口，放眼即分，自无徘徊瞻顾，鱼鲁莫辨之虞。而后以九星名龙，亦是示人知龙之剥换起伏，罡老秀嫩之处尔。是因山龙之生，皆禀九星之气以成，故以峰峦之情势形状，分讲于九星之中，此又示人认三吉中之四凶，四凶中之三吉，其意思是告诉我们在不认识四凶，则三吉亦不能辨，识行四凶，则三吉不辨而也自晓，可见识认星峰，尤为至要，能识星峰，亦能因星峰认穴也。夫穴原是龙成，龙既依九星立名，则穴亦因九星而定。故杨公有九星变穴之条。

今细研二经，名虽有《疑龙、撼龙》之殊，而立言立意，乃是互相发明，故《撼龙经》之所未备者，《疑龙经》补之，《疑龙经》之所不言者，《撼龙经》已先言之矣。是此二经，一句一字，无非裁龙裁穴之要最，宜深入研究，无如今人并不重视此二经，是不能于破禄中分其兼带，不能向头足处认其正形，遂以为按之山川不合，委而弃之，惑于伪托，视原真玉律倒杖喝形为金科玉律，反失去扶阳抑阴之道，此因人好奇射利之心重，穷源明道之念轻，故不辨其真伪也。嗟呼，取法乎上，仅得乎中，今乃取法乎下，安得不为下下者乎？即是今日时师，皆下下相承，而其心眼骄矜之气，居然自视为上上之列，就而叩其地学，则东牵西就，率以伪托之书答之。高文良公有说，吴公曾公廖公赖公之书，较此二经，俱在下下之列，以此观之，则伪书断无驾乎在此二经之上，何世之不为遵奉确守也？余蒙嵩山先生授以《青囊经》之奥，研究三载，再考此经文，印以山川，微有所得，今依古本缮录，按文良公所批，叶九升之注，留纯去伪，解释辨正，其一得为愚所见，未始非地学之助也。

范宜宾谨识见

下 卷

人 册

罗经精解

罗经正伪说

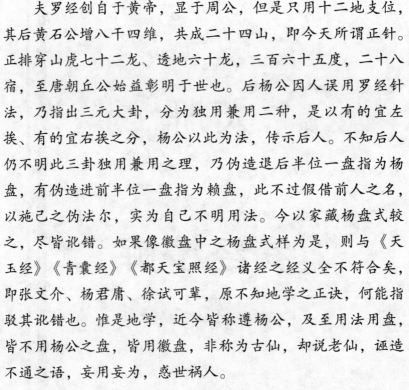

夫罗经创自于黄帝，显于周公，但是只用十二地支位，其后黄石公增八干四维，共成二十四山，即今天所谓正针。正排穿山虎七十二龙、透地六十龙，三百六十五度，二十八宿，至唐朝丘公始益彰明于世也。后杨公因人误用罗经针法，乃指出三元大卦，分为独用兼用二种，是以有的宜左挨、有的宜右挨之分，杨公以此为法，传示后人。不知后人仍不明此三卦独用兼用之理，乃伪造退后半位一盘指为杨盘，有伪造进前半位一盘指为赖盘，此不过假借前人之名，以施己之伪法尔，实为自己不明用法。今以家藏杨盘式较之，尽皆讹错。如果像徽盘中之杨盘式样为是，则与《天玉经》《青囊经》《都天宝照经》诸经之经义全不符合矣，即张文介、杨君庸、徐试可辈，原不知地学之正诀，何能指驳其讹错也。惟是地学，近今皆称遵杨公，及至用法用盘，皆不用杨公之盘，皆用徽盘，非称为古仙，却说老仙，诬造不通之语，妄用妄为，惑世祸人。

今余特出示家藏的杨公之盘式，镌入集中，公示诸同好，庶不蒙江湖术士之误。后有"杨盘说"另录于下，请细参之，你将自会明白杨盘也。至平分六十龙一盘，世称朱熹、蔡西山二人所加，无学之徒，好视为宋儒所加，遵而用之，更谓此盘较七十二龙而不缺，较盈缩而整齐，乃开自然之正理，号之曰胎骨，以之格龙查方。杨公盘式中，只有透地，并无平分，如以平分为是，则朱熹、蔡西山以前之先师管、郭、杨、曾，俱皆讹错而不知龙法。此亦后人讬名伪增，断非朱熹、蔡西山所加。而徐试可竟欲以朱熹、蔡西山二字压倒先贤，此也是腐儒之愚论。要知朱熹、蔡西山地学，亦不过仅登杨、曾之阶，安能压倒也。今日时师不知罗盘始末，正针为何用，穿山透地为何用，就徽盘所造，硬以正针立向，以中针格龙，又或格以平分，又以缝针消水，或以中针立向，或以正针中针缝针一串并用，纷纷不一，皆因地学无传，大卦不知，故如是颠倒乱用，反今此古也。今余特著此辨，申明经盘之用，而经盘之用，其要总不出《天玉经》《青囊经》《都天宝照经》序中，只因怕时师之妄用，不得不为逐条一一分讲，使人们都知道罗盘之正确用法，方不祸人。余辈好名，诚救世之苦心，莫视为妄谈说尔。

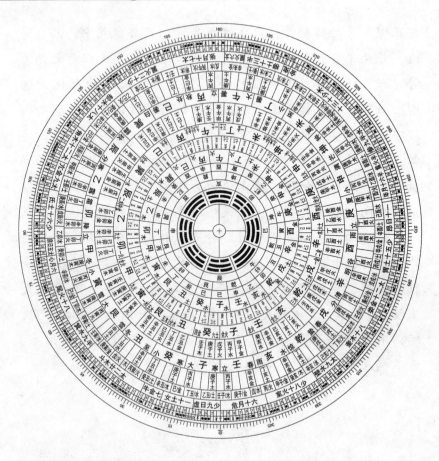

常用罗经重要层次

前面：

第一层：指南针（旱针）；

第二层：后天八卦（定阴阳，辨交媾与否）；

第三层：十二地支（古地盘）；

第四层：洛书；

第五层：九星；

第六层：二十四山（即杨盘，为立向收山出煞之用）；

第七层：七十二穿山虎（坐穴之用星卦纳音针）；

第八层：透地六十龙（格龙用之）；

第九层：太阳到山（立向用）；

第十层：三百六十五度（坐穴之用）；

第十一层：二十八宿占度（坐穴之用）。

背面：

透地六十龙，穿山虎，七十二龙之子父财官禄贵驿马三奇四吉八门方位（坐穴用之）。

现今徽盘中之分阴阳九星，节气七十二龙之排列，尽皆讹错，其讬名伪增之六十龙，杨盘赖盘以及外卦盈缩等层，皆后世俗师之妄增，尽不合《天玉经》《宝照经》二经之奥用。今依杨公盘式更正，式中之有者存之，无者删之，非我故意为之高僻之举，但徽盘用的时间太长久，其中错谬无人指摘，不能分出正伪，讹以传讹，观者详察焉。

阴阳同行图

阳消阴息，阴消阳息，不消不息，
不息不消，惟消乃息，阳尽阴生，
阴尽阳行，不尽不生，惟尽乃生。

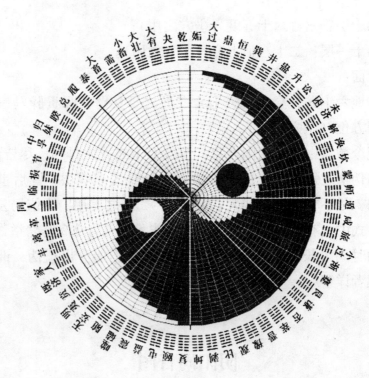

太极图——"先天六十四卦方位"的十进制数的图像

针说

天体循环无端头，实际有一定之规律，南北两极是标志也，是以古圣王造此指南针，先定子午南北向，则八方因之而分，诚合天地生成之理，非奇巧之异制，而后人伪造水针，更为臆度猜测。以针属金，畏南方之火，使之偏于母位三度有奇，又谓依伏羲摩荡之卦，故阳头偏左，阴头偏右，又谓南随阳升以牵左，北随阴降以不右，又谓先天兑金在巳，故偏左，又谓火中有土，天之正午在西，故此针头偏西，以从母位。诸论纷纷，尽属穿凿。要知现今经盘中虚危之针路，仍是唐虞天正日躔之次，至周天正，则目躔女二，降及元明之际，天正目躔箕之三度，世人不知天有差移，仍执虚危为一定之规，更另造以注水浮针之用，因此针创自江西，盛于前明，以此定南北之极，南北不准，或偏左偏右，或尾高首低，或半沉全坠，种种不一，遂因伪造一百一十四针法，神其邪说，衍惑世人。要知针尖之指南，针针皆然，保待磁石之养，火中之炼，方能指南也，兑指南旱针，造自圣主，今反弃古而不用，转用后人伪造之水针，乖谬已极，失去根本矣。盖因天体极圆，南北两极有定，针指子午，处处皆然，乃天地之自然，非圣人不能知，非圣人不能创造，何今人不遵古造为用，视趋下流呢。今余之经盘，遵用旱针，不用水针，亦去伪遵古之意也。

附：无极子授蒋大鸿天心正运图

无极子授蒋大鸿天心正运图

先天八卦查气，用于穴中，后天八卦看形，用于外象。河图辨阴阳之交媾，洛书察甲运之兴衰。先天之象，乃阴阳对待之体。对

待之中，化机所出，造物之意原起于此。

故曰：天心洛书之数，上应九星，宰持天地，布渡六甲，干维元运，而挨星衰旺之辨，又皆从中推出，故曰正运。"

先天八卦说

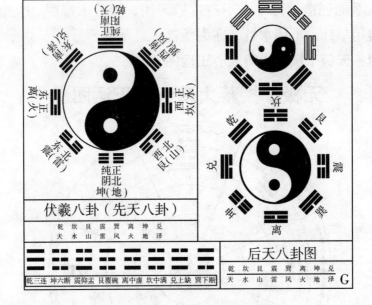

伏羲八卦（先天八卦）

乾 坎 艮 震 巽 离 坤 兑
天 水 山 雷 风 火 地 泽

乾三连 坤六断 震仰盂 艮覆碗 离中虚 坎中满 兑上缺 巽下断

后天八卦图

乾 坎 艮 震 巽 离 坤 兑
天 水 山 雷 风 火 地 泽

先天八卦，以乾为老阳居南，以坤为老阴居北，离为少阴居东，坎为少阳居西，兑为老阳居东南，艮为老阴居西北，震为少阴居东北，巽为少阳居西南。盖因乾兑出自老阳，离震变自少阴，坤艮成于老阴，坎巽化自少阳之故，皆有雌雄交媾之机。

地学之用，最为至关重要，不像俗师不知其如何用，乃于二十四山方位中，以乾壬子癸寅甲乙辰午坤申戌，硬写红字为阳，余字黑字写为阴，认为净阴净阳之分辨，即于此红黑阴阳字上，以定阳山阴水，阴山阳水也。以此称之为阴阳，乃二十四山之死板格，亦非真阴真阳，能用老少三卦双双起之阴阳，方有真阴真阳对待相配之妙，故北来之山先天是坤，南方有水先天是乾，西来之山先天是坎，东方有水先天是离，如此山水相见，方为得配，亦即景纯所谓纵横横纵，阳阳阴阴之义，方是先天八卦之妙用。而叶九升亦知阴阳实际从先天阴阳讲，而用阴阳只对于二十四山方位，全非正经之诀，而又说是净阴净阳，斯说极谬。

　　要知净阴净阳之法，用于来山入首，并切穴中分金要清纯之义，并非指山龙之用。

先天八卦图

九星二十四山阴阳说

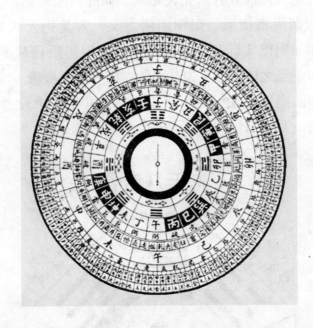

　　二十四山中，四正子午卯酉之左皆阴，四维乾巽艮坤之左皆阳，故二十四山，依此红黑缮写。因二十四山有九星，此是九星之分阴分阳，故二十四山之红黑，亦依九星之红黑，以便按山向按水，倒排其父母之位，申挨星之奥秘也。此即《天玉经》《青囊奥语》《都天宝照经》挨星之诀，

　　古人所立的法度，后人不能移易丝毫，如能移易，断非正授正传之法。然此即隔四位而起父母，位位有一父母，如子午午子、卯酉酉卯、巽乾乾巽、艮坤坤艮、巳癸癸巳、寅辛辛寅、乙申申乙、丁亥亥丁、甲未未甲、丙戌戌丙、庚丑丑庚、壬辰辰壬。颠倒排之，自山之父母，轮到向上，自向之父母，轮到山上，自水字之父母，轮到向上，自水字之父母，轮到坐山。如山向是阳星，则水

之来去要阴星，山向是阴星，而水之来去要阳星，是阴阳只以星论，不以八卦干支论阴阳也。似此诀法，谁能移易丝毫。

九星分占二十四山，此九星之排列，为九星实位，内分阴阳，即《青囊奥语》中"颠颠倒，二十四山有珠宝；顺逆行，二十四山有火坑"之义，也是《天玉经》中"龙要合向，向合水，水合龙三吉位"，即"阳从左边团团转，阴从右路转相通"，以向为天卦，坐为地卦，为挨星神奥之定诀也。此之所谓天卦者，向上是也，地卦者，坐山是也。

今遵师传，非敢臆度，况今天我们所看到的翻卦翻星之用，乃唐一行僧奉唐太宗旨意变乱此挨星之说，所谓《灭蛮经》是也。后人不察其发源出，既认定为这是地学正传，遵而用之，皆因江湖游食之徒，原无多少学问，利用稀奇古怪骗钱，故翻星卦之用，尤胜于当年，辗转相习，几乎遍布宇内，且没有风水知识之人，不知此是玄空大卦五行之精妙，非口品心传，哪有能得明此正诀，况且这种正传，原本从来就不落于江湖术士之手，而这些人不得正传，可是又知此为玄空大卦五行，所以假传以三合五行，二十四山之五行变换，命名为小玄空，用以收水收山，以为审龙纯杂之用，其立向消水，又用讹传之零正，五行起长生，阴阳顺逆之外道邪说。

《青囊经》中，只有一种玄空，今天说小玄空，又说大玄空，皆称系出自《青囊经》，则《青囊经》中难道不是有二个玄空吗？要知大小玄空，是后人不知玄空大卦五行之奥秘，又知道玄空大卦五行之名，而造出大小玄空之伪名伪法，又恐没有来历，自谬谓出自《青囊经》，可以见其辈伪也，复造以洪范五行长生之用，亦将二十四山之五行变换，以金为火，以水为土，以木为金，尽皆讹谬，又以洪范为名，亦是恐无来历，原以为出自大禹，无人可驳之意思。但此等伪法，必无全美，故时师用此以收山，用彼以收水，又用各家五行，以起长生，东牵西就，若说此合山者，必不合水，彼合水者，必不合山，怎么能有一种用于山，一种用于水，一种用于长生

中国传统术数总集　第一辑

顺逆耶？若以此为正道，则正道安能有如此种用法之多，皆因为不知道收山出煞专诀于三卦之用。而时师之认三卦，又皆错误，更以寅甲卯辰巽巳丙为东卦，以申庚酉辛戌乾亥壬为西卦，以子癸丑艮为北卦，以午丁未坤为南卦，而我所说杨公只有三卦，今以四面分定之卦观之，岂不是四卦乎？此皆盲师不知何者为三卦，何者为父母，何者为子孙，臆度乱拟之所从出，又因世人不知其是否，固切不可信而遵之，自祸祸人也。三卦详杨盘说中。

杨公用盘说

杨盘之式，前已叙明，今将杨盘用法，再为细说一下。

天地人三针盘飞图

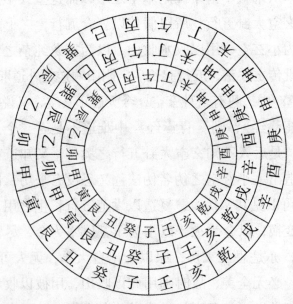

其八干四维一盘，分四正之左为阴，四维之左为阳，于三大

卦内，以天地人三卦地卦为不兼之单用，以天、人两卦为可兼之
双用，后人不明挨左为天、人两卦可兼用，按此伪造退后半位一
盘，名为缝针，不知地卦为独用，又伪造进前半位一盘，名为中
针，不知正针一盘，即杨公之所用，杨公盘式中，并无中缝两盘，
其伪说可知，今不说明，以后之用者，仍有讹错此盘之用。

自子之西起壬一字、丑一字、甲一字、辰一字、丙一字、未一
字、庚一字、戌一字，此八字，皆向左行，皆是四个一也。故
《天玉经》开章，即曰：江东一卦从来吉，八神四个一也；子午卯
酉，乾坤艮巽，皆向右行，此八正位，亦系四个一也；癸在子之
东，亦向左行，故癸亥辛申丁巳乙寅八神，皆向左走，亦是四个一
也。而甲丙庚壬辰戌丑未（地元龙），为子午卯酉乾坤艮巽之逆
子，不与父母同行；乙辛丁癸寅申巳亥（人元龙），为子午卯酉乾
坤艮巽（天元龙）顺子，与父母一路同行，即是八神四个二也。
故《天玉经》说，江西一卦排龙位，八神四个二也。逆子即是地

元之卦，有顺逆之不同，即有可兼不可兼之例，夫可兼者，天元之与人元并用，不可兼者，地元之独用也，因有不可兼之处，故杨公用法与人不同，要人知莫兼地元之壬，只兼人元之癸，如坐之与向，水之来去方位，合得天元八位，即为合卦，有一不在此八位上，即是出卦，人元地元，俱同此例，收山出煞，惟有此三卦之用。用三卦，即收得山来，出得煞去，不用此三卦，即收不进山来，亦出不得煞去，这三卦已泄尽千变万化之妙矣。

至前面说子之不可兼壬，乃举一以例，其余如艮之不可兼丑，卯之不可兼甲，巽之不可兼辰，午之不可兼丙，坤之不可兼未，酉之不可兼庚，乾之不可兼戌也。可兼者，固是乙辛丁癸寅申巳亥，而此八位，不能兼乾坤艮巽子午卯酉也。只有父母去兼子息，子息不可去兼父母，以父母可带子息，子息不可去带父母之义，再地元龙辰戌丑未，固不可混入人元龙为用，而乾坤艮巽之山向，则水之来去，却在辰戌丑未之上，却亦可用，何也？因乾坤艮巽，为辰戌丑未之父母，故为可用。此即《都天宝照经》辰戌丑未四山龙，乾坤艮巽夫妇宗，亦即《天玉经》南北八神共一卦，是天元之卦，能包人元龙、地元龙，能兼三卦之用，但是水之去来，在甲庚丙壬之上，则天元却又不可兼用，因为他是子午卯酉之子，不似辰戌丑未，为乾坤艮巽之子也，如乾坤艮巽之山向，要子午卯酉来去之水，子午卯酉之山向，要乾坤艮巽来去之水，如乙辛丁癸之山向，要寅申巳亥来去之水，寅申巳亥之山向，要乙辛丁癸来去之水，如乾坤艮巽之山向，兼用寅申巳亥，不得子午卯酉来去之水，得乙辛丁癸来去之水，亦为可用，如子午卯酉之山向，兼用乙辛丁癸，不得乾坤艮巽来去之水，即寅申巳亥来去之水，亦是可用，至于地元甲丙庚壬辰戌丑未八位，却是独用，不可兼天人两元。是此三卦，总要干向支水，支向干水，方合《天玉经》挨加之法也。

要知双双起者，是以甲丙庚壬乾坤艮巽寅申巳亥，为阳出脉，却放在水上，以子午卯酉乙辛丁癸辰戌丑未为阴出脉，放在山上，名为顺子一局之一起，以子午卯酉辰戌丑未乙辛丁癸，是阴神出脉，放在水上，以甲丙庚壬乾坤艮巽寅申巳亥，是阳神出脉，放在山上，名为逆子一局之一起，此非一山两用四十八局乎？此四十八局，即双双起，双双起即此四十八局，始合《青囊经》阳用阴朝，阴用阳应，颠颠倒倒之义，山龙平阳，并用此法，复以杨公之三卦，并二十四山挨之，则天元八位为八局，地元八位为八局，人元八位为八局，合此三卦之三八，并二十四山之二十四局，又岂非四十八局乎。这些都是《天玉经》《都天宝照经》《青囊奥语》《青囊序》中种种奥义，忽分而言之，又合而言之，左之右之，总不离乎三卦也。

既明杨盘为立向消水、收山出煞之用，则缝针之消水，中针之收山，或以中缝针立内外两向，或正缝针三针并用，东牵西就，大为错谬。且徽盘中所造贵人、禄马、三奇、四吉、八门、驿马、黄泉、八煞、四龙、三合、洪范、大小玄空、纳甲、干支空亡、差错关煞等，固不合杨公诸经之旨，更将七十二龙，照盈缩排之，种种乖谬，不可胜举，用徽盘者不知此故，以讹传讹，即有知者，亦茫无所宗。故余将杨盘盘式刻出，惟望后学详加研究，参透个中妙理，庶不至自误以贻误世人也。余望之。

【点拨】

1. 杨公风水从来没有三针之说，三针的用法为古代正向和兼向区别而设造。

2. 天元龙可兼人元、地元龙。地元龙不可兼天元龙、人元龙。人元龙不可兼天元龙、地元龙，即一卦清纯之妙用。

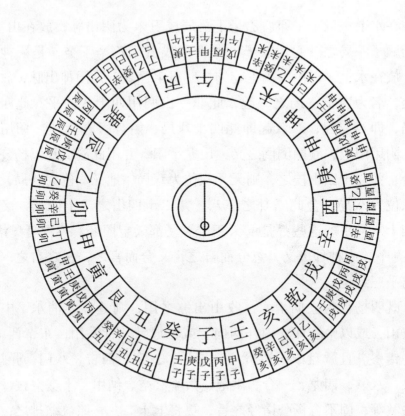

七十二穿山虎说

　　七十二龙者，因地支只有六十位，加八天干四维之正，凑成七十二位，名之曰虎七十二龙，是应地气为坐穴之用。近代以此格龙，尽失古法，大错特错，但此七十二穿山虎者，应地支不动之义，为坐穴之用，诚为前贤不易之心传定法，今以之格龙，逆天地之气，颠倒阴阳，大失用法。张文介、杨君庸、徐试可，虽曾辨之，又未将排列次序说明，仍依其旧，故用亦仍依其讹也。今更改过来，其六十甲子，照甲丙戊庚壬乙丁己辛癸之次序排之，且杨公盘式，即是甲丙戊庚壬乙丁已辛癸排列，方符《天玉》诸经，何有避土之说也。今并将七十二龙次序开后。穿山从浮针之子午，乃水盘臆度之伪说，断不可宗，穿山宿，寻四吉，避土宿，起甲子，亦列后，其下纳音星卦，透地六十龙，亦同此。

穿山虎七十二龙穿山宿地纪本卦起甲子法

甲子：宿角木蛟，卦坎为水，四宫。丙子：宿室火猪，卦泽水困，一宫。

戊子：宿星日马，卦地炎师，七宫。庚子：宿牛金牛，卦雷水解，七宫。

壬子：宿参水猿，卦雷水解，一宫。乙丑：宿亢金龙，卦风水涣，二宫。

丁丑：宿壁水㺔，卦风水涣，五宫。己丑：宿张月鹿，卦火水未济，五宫。

辛丑：宿女土蝠，卦风山渐，九宫。癸丑：宿井木犴，卦艮为山，三宫。

甲寅：宿鬼金羊，卦艮为山，六宫。丙寅：宿氐土貉，卦雷山小过，八宫。

戊寅：宿奎木狼，卦地山谦，二宫。庚寅：宿翌火蛇，卦火山旅，二宫。

壬寅：宿虚日鼠，卦火山旅，六宫。乙卯：宿柳土獐，卦水雷屯，九宫。

丁卯：宿房日兔，卦天雷无妄，一宫。己卯：宿娄金狗，卦山雷颐，一宫。

辛卯：宿轸水蚓，卦泽雷随，四宫。癸卯：宿危月燕，卦震为雷，九宫。

甲辰：宿室火猪，卦巽为风，八宫。丙辰：宿星日马，卦地风升，二宫。

戊辰：宿心月狐，卦火雷噬嗑，四宫。庚辰：宿胃土雉，卦震为雷，四宫。

壬辰：宿角木蛟，卦地雷复，七宫。乙巳：宿壁水㺄，卦雷风恒，八宫。

丁巳：宿张月鹿，卦山风蛊，二宫。己巳：宿尾火虎，卦火风鼎，一宫。

辛巳：宿昴日鸡，卦泽风大过，四宫。癸巳：宿亢金龙，卦巽为风，七宫。

甲午：宿氐土貉，卦离为火，六宫。丙午：宿奎木狼，卦地火明夷，六宫。

戊午：宿翌火蛇，卦水火既济，三宫。庚午：宿箕水豹，卦雷火丰，三宫。

壬午：宿毕月乌，卦风火家人，六宫。乙未：宿房日兔，卦泽火革，八宫。

丁未：宿娄金狗，卦雷地豫，四宫。己未：宿轸水蚓，卦火地晋，四宫。

辛未：宿斗木獬，卦泽火革，二宫。癸未：宿觜火猴，卦离为火，八宫。

甲申：宿参水猿，卦坤为地，五宫。丙申：宿心月狐，卦天地否，二宫。

戊申：宿胃土鸡，卦泽地萃，七宫。庚申：宿角木蛟，卦坤为地，七宫。

壬申：宿牛金牛，卦风地观，五宫。乙酉：宿井木犴，卦雷泽归妹，三宫。

丁酉：宿尾火虎，卦风泽中孚，九宫。己酉：宿昴日鸡，卦雷泽归妹，七宫。

辛酉：宿亢金龙，卦天泽履，四宫。癸酉：宿女土蝠，卦兑为泽，三宫。

甲戌：宿虚日鼠，卦兑为泽，三宫。丙戌：宿鬼金羊，卦天泽履，九宫。

戊戌：宿箕水豹，卦天泽履，六宫。庚戌：宿毕月乌，卦火天大有，五宫。

壬戌：宿氐土貉，卦水天需，二宫。乙亥：宿危月燕，卦火天大有，三宫。

丁亥：宿柳土獐，卦雷天大状，九宫。己亥：宿斗木獬，卦泽天夬，九宫。

辛亥：宿觜火猴，卦地天泰，五宫。癸亥：宿房日兔，卦乾为天，二宫。

起甲子阳局（顺六义逆三奇）

冬至惊蛰一七四，小寒二八五同推；谷雨小满五二八，立春八五二相随。大寒春分三九六，芒种六三九是宜；清明立夏四一七，雨水九六三为奇。

起甲子阴局（逆六义顺三奇）

夏至白露九三六，小暑八二五之间；大暑秋分七一四，立秋二五八循还。霜降小雪五八二，大雪四七一相连；处暑排来一四七，立冬寒露六九三。

穿山宿起法_(用于穴中)

穿山宿，一名官山宿，甲子起角，乙丑亢挨去，以坐山之宿，入起甲子之宫，避土杀，推木星也，在卦中则持世宿，翻七曜以寻四吉也。

求卦法_(用于穴中从龙上求卦)

用罗盘如格得庚子龙，分在坎宫冬至内，庚子系己亥所管，己亥系冬至中局，故庚子龙，属冬至中局也，七宫起甲子，顺行，庚子在甲午旬中，以甲午为符头，从七宫起甲子，则甲午飞在坎宫，庚子飞到兑宫，遂以符头甲午所临之坎，加兑上挨去，则艮加乾，震加坎，故庚子得雷水解也，阳局仿此。如格得丁酉龙，分在兑宫白露内，丁酉系甲午所管，甲午系上局，故丁酉龙，属白露上局，九宫起甲子，逆行，丁酉在甲午旬内，以甲午为符头，从九宫起甲子，则甲午飞到乾，丁酉飞到震，遂以甲午符头所到之乾，加震上挨去，巽上坎离上，艮坤上，震兑上，是巽加临，故丁酉得风泽中孚卦也，阴局仿此。

求子父财官法

癸未龙遁得离卦，小暑上局，八宫起甲子，逆行，则己丑子爻在一宫，己未子爻在七宫，己卯父爻在二宫，己酉财爻在八宫，己亥宫爻在九宫也。子山高则发丁，父财旺则多田宅，财山方圆主富，官山尖秀主贵也。

求四吉法

四吉者，金水日月也，丙寅龙遁小过卦，若世是庚午，庚午穿山宿是箕水豹，水起毕，即以毕加本局八宫顺飞，则知金水日月会于八宫矣。挨法第一匝月到处，好四吉会处，翻禽诀说：七曜禽星识者希，日虚月鬼火从箕，水毕木氐金奎位，土宿还从翌上推。

附起贵人歌

庚戊逢牛甲在羊，乙猴己鼠丙鸡方；
丁猪癸蛇壬是兔，六辛逢虎贵人阳。
甲日寻牛庚戊羊，乙来子位己猴乡；
丙猪丁鸡辛在马，壬蛇癸兔属阴方。

求三奇

三奇者乙丙丁也，如九宫起甲子逆行，
丁在六宫，丙在七宫，乙在八宫矣。

【点拨】

在奇门遁甲中三奇指"丙、乙、丁"三天干。乙乃甲之妹，甲以妹乙嫁于庚，乙与庚合而能救甲，故乙为一奇。丙为甲之子，丙火能克庚金而救甲，故丙为二奇。丁为甲之女，丁火亦能克庚金而救甲，故丁为三奇。

求八门

八门者，开休生伤杜景死惊也。即以本龙所得卦挨去便是，如丙寅龙小过卦，是震加艮上，震即伤门，挨去，则开加兑，休加乾，生加坎，伤加艮矣。诀：乾开坎休艮是生，震伤巽杜景离门，坤死兑惊分八卦，即从本卦上推轮。

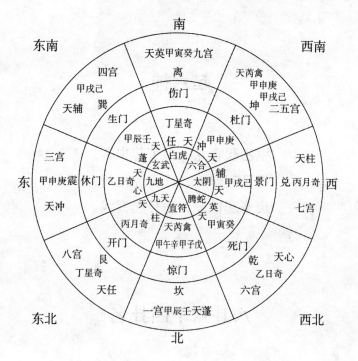

南

东南 　　　　西南

天英甲寅癸九宫

离

四宫　　　　　天芮禽
甲戌己　　　　甲申庚
　　　巽　伤门　坤　甲戌己　二五宫
天辅　　生门　杜门

丁星奇
　　甲辰壬　天　甲申庚
三宫　　　任　天冲　　　天柱
甲申庚震　蓬　白虎　天　兑丙月奇　西
东　　休门　玄武　六合　辅　景门　七宫
天冲　　乙日奇　九地　太阴　甲戌己
　　　九天　　腾蛇　　天
　　　天　直符　　　英
　　　柱　　　　甲寅癸
　　丙月奇　　　　死门
开门　天芮禽
八宫　艮　甲午辛甲子戊　乾　天心
丁星奇　　惊门　　乙日奇
天任

坎　　六宫

东北　一宫甲辰壬天蓬　西北

北

东 　　　　西

八卦内外纳甲干支

乾金甲子外壬午，坎水戊寅外戊申；
艮土丙辰外丙戌，震木庚子外庚午；
巽木辛丑外辛未，离火己卯外己酉；
坤土乙未外癸丑，兑金丁巳外丁亥。

中国传统术数总集 第一辑

起六神

甲乙起青龙，丙丁起朱雀，

戊日起勾陈，已日起腾蛇，

庚辛起白虎，壬癸起玄武。

八卦六十四卦名

乾为天、天风姤、天山遁、天地否、风地观、山地剥、火地晋、火天大有。

坎为水、水泽节、水雷屯、水火既济、泽火革、雷火丰、地火明夷、地水师。

艮为山、山火贲、山天大畜、山泽损、火泽睽、天泽履、风泽中孚，风山渐。

震为雷、雷地豫、雷水解、雷风恒、地风升、水风井、泽风大过，泽雷随。

巽为风、风天小畜、风火家人、风雷益、天雷无妄、火雷噬嗑、山雷颐、山风蛊。

离为火、火山旅、火风鼎、火水未济、山水蒙、风水涣、天水讼、天火同人。

坤为地、地雷复、地泽临、地天泰、雷天大壮、泽天夬、水天需、水地比。

兑为泽、泽水困、泽地萃、泽地咸、水山蹇、地山谦、雷山小过、雷泽归妹。

【点拨】

（一）八卦歌诀

先天八卦："乾三连，坤六断，震仰盂，艮覆碗，离中虚，坎中满，兑上缺，巽下断。"

后天八卦："一数坎来二数坤，三震四巽是中分，五数中宫六乾是，七兑八艮九离门。"

（二）八卦代数

先天八卦：乾一，兑二，离三，震四，巽五，坎六，艮七，坤八。

后天八卦：坎一，乾二，兑三，坤四，艮五，震六，巽七，离八。

（三）八卦方位

先天八卦：乾南，坤北，离东，坎西，兑东南，震东北，巽西南，艮西北。

后天八卦：震东，兑西，离南，坎北，乾西北，坤西南，艮东北，巽东南。

（四）八卦所属

乾、兑（金）；震、巽（木）；坤、艮（土）；离（火）；坎（水）。

（五）八卦生克

乾、兑（金）生坎（水），坎（水）生震、巽（木），震、巽（木）生离（火），离（火）生坤、艮（土），坤、艮（土）生乾、兑（金）。

乾、兑（金）克震、巽（木），震、巽（木）克坤、艮（土），坤、艮（土）克坎（水），坎（水）克离（火），离（火）克乾、兑（金）。

（六）八卦旺衰

乾、兑旺于秋，衰于冬；震、巽旺于春，衰于夏；

坤、艮旺于四季，衰于秋；离旺于夏，衰于四季；

坎旺于冬，衰于春。（四季是指每个季节的后一个月）

（七）八卦所对应的五行：

金－乾、兑　乾为天，兑为泽

木－震、巽　震为雷，巽为风

土－坤、艮　坤为地，艮为山

水－坎、坎为水

火－离、离为

五行相生：木火土金水

五行相克：水火金木土

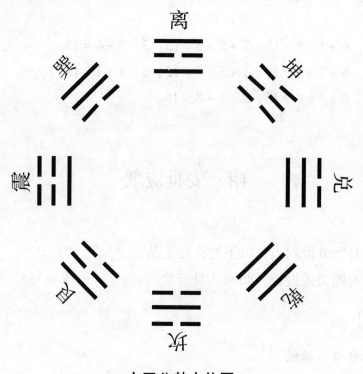

文王八卦方位图

（八）八卦分阴阳

乾、坎、艮、震、四卦，属阳卦　其中艮为少男　坎为中男
震为长男

（震、坎、艮中阴多阳少，表示阴从阳，故为阳卦）

坤、兑、离、巽四卦，属阴卦　其中：兑为少女　离为中女
巽为长女

（兑、离、巽中阳多阴少，表示阳从阴，故为阴卦）

后天八卦九宫排列：

乾六、坎一、艮八；

兑七、宫五、震三；

坤二、离九、巽四。

以上后天八卦九宫排列数，横竖相加、对角相加之和，均等于15。

即：$6+1+8=15$；$7+5+3=15$；$2+9+4=15$。

$6+7+2=15$；$1+5+9=15$；$8+3+4=15$。

$6+5+4=15$；$2+5+8=15$。

附：安世应歌

八卦之首世六当，以下初爻轮上装，

游魂四爻是世位，归魂八卦三爻详。

【点拨】

安世应诀详解

推介资讯

八卦之首世六当

以下由初向上扬

游魂八卦四爻立

归魂八卦三爻详

安世应是学卦者必过的难关，很多易学爱好者都是死记硬背，后来有人编出了以下口诀来，大家便以此口诀为准了。

天同二世天变五

地同四世地变初

人同游魂人变归

我们是否想一想？古人在学卦时是否也会遇到这样的问题呢？这肯定是必然要遇到的，那他们是怎么解决的呢？想必很多同道都没有想过这个问题，我也是悟了很长时间的，终于有一天，我发现了其中的秘密，从而破译了安世应口诀，只有易学爱好者才"天同二世天变五"的那个方法来安世应了。但这个方法存在两个问题，第一，要记住两套口诀；第二、无法同时得出世应和卦官所属。而古人的口诀是可以同时求出的，而且不用背任何口诀，熟练之下，完全可以一眼看出世应和卦官所属。

下面我来详细讲解"安世应口诀"的秘意。

八卦之首世六当

学习这个口诀方法必须知道八官八卦是如何产生的？知道了这个原理，安世应也就迎刃而解了。八官八卦都是由其首卦，即一个八纯卦由初爻向上的动变而产生的，动变的原则是阳变阴，阴变阳，第六爻不变，所以一个八纯卦变到第五爻后就往下返回，到第三爻时，是将下卦全变，这样会得到八个卦，其中返回的两个卦叫归魂卦和游魂卦，变到第四爻叫游魂卦，变到第三爻的叫归魂卦。

如《乾》卦，经初，二，三，四，五，四，三的动变共得七卦，加上本卦共八卦，这就是乾宫八卦。

《乾为天》	《天风垢》	《天山遁》	《天地否》
首卦不变	初爻变阴	二爻变阴	三爻变阴
《风地观》	《山地剥》	《火地晋》	《火天大有》
四爻变阴	五爻变阴	向下变四爻	向下变下卦

现在我们将这七个卦反变回去，就会得到一个八纯卦了，即这个宫的首卦。

《天风垢》

中国传统术数总集 第一辑

将初爻的阴爻变成阳爻，就成了《乾为天》

《天山遁》

将初爻和二爻变成阳爻后就成为《乾为天》

《天地否》

将初爻和二爻，三爻变成阳爻后几成为《乾为天》

《风地观》

将初爻到四爻变成阳阳就成为《乾为天》

《山地剥》

将初爻到五爻变成阳爻就成为《乾为天》

《火地晋》

将初爻和下卦全变成阳爻就成为《乾为天》，这种情况的卦就的游魂卦

《火天大有》

将五爻变成阳爻后就成为《乾为天》，这种情况的卦就是归魂卦

通过以上的八宫八卦互变的原理，我们只要多加练习推敲，几完全可以掌握世爻的所在位置和该卦的官属五行。其目的，只有一个，就是通过互变，让该卦变成八纯卦，最后变的那一爻，就是世爻，隔二为应，所变成的这个八纯卦就是卦官五行。

如《天风垢》，是将初爻变成阳爻后成为《乾为天》这个八纯卦的，故《天风垢》的世爻在初爻，应爻在四爻，是乾官卦，五

行为金。

如《天山遁》，是将初爻，二爻变成阳爻后就成为《乾为天》这个八纯卦的，故《天山遁》的世爻在二爻，应爻在五爻，是乾宫卦，五行为金。

余仿此而推，自己练习，比再举例。

现在我们看第一句口诀的含义，就是凡八宫的第一卦即首卦的世爻在六爻，凡首卦都是八纯卦，这很好判断。

以下初爻向上扬

即其余各卦是从初爻向上动变，阴变阳，阳变阴，直到变成八纯卦为止，具体上已详述。

游魂八卦四爻立

即是凡游魂卦都是四爻为世爻，判断方法是：凡下卦和五爻动变后才成八纯卦的就是游魂卦。

归魂八卦三爻详

即凡归魂卦都是三爻为世爻，判断方法是：凡第五爻变后才为八纯卦的就是归魂卦。

装世应，辨卦宫是学卦的入门功夫，请多费时练习，日久功深即可得心应手，所谓熟能生巧，不要依靠别的口诀，图表，公式来解决，这对以后熟练迅速断卦有好处，所以基础的东西一定要牢固。

透地六十龙说

（格龙辨清杂之用）

透地六十龙者，其纳音星卦，与七十二龙同。但七十二龙为坐穴之用，透地六十龙为格龙辨清杂之用。

其格龙的方法，先在过峡处用以罗盘的正针定子午方向，然后别辨四面八方。次格过峡后起顶之山。如得庚子龙。即看次起顶之山，若格在戊子。次又见一山顶，再格却格在壬子。次又见一山顶，再格却格在丙子。次又见一山顶，再格却格在甲子。如此。节节格来，总不出五子之位。即为清纯不杂之龙。如出五子外，右出入亥，左出入丑，即为驳杂不清之龙。举一子而余支可类推矣。此为正法，却非臆度。人何不察耶？

二十四节真太阳说

（此依陈耕山之本录用）

夫二十四节，即太阳旋转之机，每于冬至节，太阳临子之正中，其余节皆由冬至推出，而太阳亦即按节而行，丙太阳右转，故将二十四节依太阳右转之义，亦向右排列，如此排之，有二十四龙乘配之妙，按节分龙，有真太阳到穴向之奥，二十四龙乘配列后：

子龙山穴宜于冬至前后乘葬、壬龙山穴宜于小寒前后乘葬、亥龙山穴宜于大寒前后乘葬、乾龙山穴宜于立春前后乘葬、戌龙山穴宜于雨水前后乘葬、辛龙山穴宜于惊蛰前后乘葬、酉龙山穴宜于春分前后乘葬、庚龙山穴宜于清明前后乘葬、申龙山穴宜于谷雨前后乘葬、坤龙山穴宜于立夏前后乘葬、未龙山穴宜于小满前后乘葬、丁龙山穴宜于芒种前后乘葬、午龙山穴宜于夏至前后乘葬、丙龙山穴宜于小暑前后乘葬、巳龙山穴宜于大暑前后乘葬、巽龙山穴宜于立秋前后乘葬、辰龙山穴宜于处暑前后乘葬、乙龙山穴宜于白露前后乘葬、卯龙山穴宜于秋分前后乘葬、甲龙山穴宜于寒露前后乘葬、寅龙山穴宜于霜降前后乘葬、艮龙山穴宜于立冬前后乘葬、丑龙山穴宜于小雪前后乘葬、癸龙山穴宜于大雪前后乘葬。

求用太阳

（此按徽法箕三子正推排出新安陈耕山秘本）

大雪十一月节，出丑入子，宜用子山方向日时；

小寒十二月节，出子入亥，宜用亥山方向日时；

立春正月节，出亥入戌，宜用戌山方向日时；

惊蛰二月节，出戌入酉，宜用酉山方向日时；

清明三月节，出酉入申，宜用申山方向日时；

立夏四月节，出申入未，宜用未山方向日时；

芒种五月节，出未入午，宜用午山方向日时；

小暑六月节，出午入巳，宜用巳山方向日时；

立秋七月节，出巳入辰，宜用辰山方向日时；

白露八月节，出辰入卯，宜用卯山方向日时；

寒露九月节，出卯入寅，宜用寅山方向日时；

立冬十月节，出寅入丑，宜用丑山方向日时。

按节固如此，仍看停度，若在前半山，则用前半山向方日时，在后半山，则用后半山向方日时为真的。此乃十二支之正宫，非偏右之十二躔次为十二中气之出入，以八干四维为用。

历数太阳，天地皆为之准，所到神藏煞没，造葬迎之，最吉之神，在午宫用午时，在未宫用未时，为太阳归垣，其力倍加。停在虚房星昴度上，亦为升殿，大能降福，总不如在某宫用某时之妙也。如事急不能取其临山到向，即用一日之太阳，如子山用子时，丑山用丑时，作某山用某时，为一日最亲的太阳，捷用之神法也。

盘中应避并吉凶三百六十五度说

徽盘中所说八干正位是大空亡，七十二龙缝位是小空亡，十二地支正位是大差错，二十四山缝位是阴阳差错，皆世俗之讹认，尽错不准。

今易黑点为凶，红点为吉，记于度中，此黑点内有界杀，又空，又有三卦之不可兼者，红点内有三卦之可兼者，分金只用红点，不用黑点，即有趋吉避凶之奥用也。

五行说

地学之用五行，是要明此五行，且不可拘泥五行以论生克，是以用正五行为准，不用各家五行，故《撼龙经》说，龙家不要论五行，即明验也。五行之用，惟用于造葬，并五运六气之衰旺，较龙方位之衰旺，以施大卦之妙用也。如以龙家之形去论五行，又入伪途矣，切记，切记。

用针说

正针定子午以辨二十四山，杨盘用三卦为收山出煞、立向消水之用，凡格龙立向，皆先定子午，方可施用，如子午不定，八方亦不能辨。近时俗师，以中缝应用者，失去天玉青囊玄空大卦五行之奥，都是假的，切不可遵。

历伯韶诀曰

先将子午定山冈，休把中针去较量，
更用三七与二八，分金坐穴旺方良。

子午者，以正针先定南北之极，以先天卦位，查其阴阳得配与否之意。阴阳既合，则依透地之轮列，取过峡后起顶之山格之，有三四山顶，亦即挨格去，直格至到头处，要清纯不杂，子总在子、丑总在丑、亥总在亥，不要忽在子、又忽在亥、又忽在丑，此即驳杂不清也。十二支具同此例，休把中针去较量者，因人格龙用中针，不知用透地之意，故如此说。而俗师将休字改作即字，去字改作来字，以为用中针格龙证据，乖谬之甚，今遵师授，将原句改正。三七二八者，是言父母兼子息位之深浅，非言子息去兼父母，其末句说分金坐穴旺方良者，是言要合卦运方为旺方也。今彼俗师改易为莫与时师说短长，殊历陋劣，而叶九升不知后人改易字句，依撺解者注释，大书先以正针格系某龙，然后以中针较其纯杂之语，全背《天玉经》格龙之奥，仍是以讹传讹。叶说不合经义，不可遵用。至格平洋水龙，详在《天玉经》宝照中，细参自得也。

透地龙是魄，穿山虎是魂，
若将魂就魄，阴鬼化阳神。
魂魄既相就，血脉自相亲，
水为山血脉，定要吉星临。

透地为格龙之用，穿山七十二，为坐穴之用，以透地为魄者，

中国传统术数总集 第一辑

是指龙之谓，故说魄为体，以穿山为魂者，以向要合龙之用，故说魂为用，魂就魄者，是以向说合本龙为用，故说就也。龙与向合，则龙之阳气，方能入于阴骨，骨得生气，即化为阳神矣。魂魄即就，而得生其子孙，与骨血脉相通，自有福荫之应也。水为山血脉，定要吉星临者，亦是言龙要与向合，要向与水合，水要与三吉星合，方为全美之用，即《天玉经》龙要合向，向合水，水合三吉位之义。而叶九升说，砂水要合内卦，如不合，宜本卦收之，是为魂就魄；又说，水上必得三奇四吉之神，血脉自与龙亲矣；又说，水必得吉星，而龙穴始能发福，此等曰论，全是伪法之用，竟失去《天玉经》三卦之奥用，一任盲谈妄注，深为叶九升可耻。愿吾人按龙依向，施三卦之妙，则水土无有不得三吉星之临，如不用三卦，即《天玉经》所说福未来时祸先至也。

陈彦绎诀

先识穿山虎，方行透地龙，
浑天开宝照，金水月相逢。

此言先是穿山为坐穴之用，又须知透地格龙之为要，穿山与透地相符即是魂就魄。浑天开宝照者，是用五星选择时日下穴也。金水月相逢者，是言再得四吉之谓，蒋大鸿已言之详且明矣，不知用罗经之盲师，断不可遵，以其有违青囊三卦之妙义，故说然也。

咏罗经

天玉青囊知者希，世人臆牙法全违，
阴阳两片分开错，山水三辰会合非，
正运天心皆妙理，玄空卦象乃神机，
九星挨转如何用，奥语篇中有诀依。
一个罗盘讲未精，诸家注解又何清，
不知衰旺死生义，妄指阴阳左右行，
江界东西分一二，卦推父母认零正，
三元不出方合法，宝照杨公说最明。

辨禄马贵人说

　　禄马贵人起例，见于六壬，在课中亦属借用，与地理八字造命，毫无干涉，世人学术无本，一见干支，便加禄马，地理家用之，即系以张氏之子孙，继李氏之宗祖，血脉不通，鬼神不享，杨曾书中，并未一语言及，皆后之俗子妄造，不辨自明矣。禄马贵人，不用于日时上，惟于坐穴之卦用之。

中国传统术数总集 第一辑

辨地支十二位

罗盘中地支十二位，即上古所遗之地盘十二方位，今叶九升说，内具正针，斯言是矣。乃谓此即明杨盘壬子之双山同子也，此言谬极陋极，夫杨盘发明于唐朝，十二支位，传自于上古，岂有上古之人，预知杨公罗盘，先设此十二支，以待明杨盘壬子双山同子之理。今观有人说，杨盘壬子双山之说，不得将十二支认错，并将公盘亦认错，似此乖谬牵混之论，真盲师语也。

辨平分六十龙

夫平分六十龙，世称宋朝朱、蔡所加，此层平排，彼浅学之徒，以为较盈缩而整齐，较百二而中正，为天地自然之正理，名之曰胎骨，竟遵之以格龙，皆徐试可创造腐儒之伪说也。既有透地，何用平分，真为画蛇添足之举也。徐试可以朱、蔡二字，欲压倒地学前贤之意，不知论地学之妙，朱、蔡自有不及杨公处，朱、蔡地学，又安能高驾乎杨、曾之上耶？如徐试可之说，则前之管、郭、杨、曾诸公皆用错，而不知龙法矣。至盈缩龙，俗称传自黄、丘二公，明于杨公，而《天玉》等经中，皆无言及，其伪托也明矣。今市本中说，所以为盈缩者，是以盈应度，以缩应候，方合天度之奇零，杨公盘式中，既无此龙，此皆后人以意揣度，不能分别真伪，模拟想象之语尔。所加得理，后人不但不能移易，亦不敢不遵。朱蔡二公，名列大儒，岂不知此，而又增加之也耶，显系后人托名伪加，且此层原系前贤所无，又在可不用之际，自然遵杨公盘式，不遵此层也。此层删除不用。

辨赖盘

中针二十四山一盘，世人称赖公所加，后人以之格龙立向，此亦人不明乎杨公独用地卦之义，设此盘称为赖布衣所加，亦已伪矣。而俗师以为明盈缩而设，此谬极矣，故近时之格龙，皆用此盘，肥将杨公明独用地卦之义泯没。若如此用，则透地一层岂不多设乎？而赖氏未加之前，杨曾诸公，又将何以格龙？如认此为格龙，则杨曾诸公，何不设此进前半位之盘，去格龙脉，何待赖氏加之，诸经中用法，皆非此说，皆后人妄认，造讹谬不经之论，要不可遵，再此盘与杨公并非一理，明其三卦兼用之妙，则一切妄谈，不辨自明，既明杨公之用，则赖盘之伪，不辨自然明矣，何待予言。此盘不可用，故前罗经图中不设，并非宗杨而议赖也。

辨言土色深浅

夫土色者，《葬书》曾说五土四备是也。而近时之人，专以土色为事，要知专言土色者，是不知地理之人，因龙穴砂水，原不能言，又要自居通晓逢年过节之形，故不言龙穴砂水之吉凶，只去言土色也。盖因地理以形局为重，不专重土色，形局至美，土色不美，无害其为地，即土色美而形局不佳，亦断不可用者，重形局故也。即如孔林形局至美，而穴土黑色，如以为凶，其发旺悠久为何如耶？

只要人认得是真穴足矣，何必论土之色，且五土四备之句，近为时师错解，以为土要青黄赤白为吉，黑色为凶，乖谬之甚。四备者，是说土本色为黄，中要青赤白黑四色，故说四备，至五土者，是以土为中宫五数，故说五土，并非要青黄赤白，不用黑色之谓。果如是言，去黑不用，是三备亦非四备，与《葬书》备具五色之义相左。望吾人切不可专言土色，转失佳城也。至穴之深浅，要随地之自然，山龙宜深者，因其气自下而上升，故用深以就其气。平阳宜浅者，以其气浮地上而行，故用浅以就其气。而俗师不知，乃以伪造之九星，尺寸数目，定穴之深浅，不论山龙平阳，妄行施用，转失其气，虽得至美之局若应深用浅，应浅用深，不能受气，亦属葬落空亡也。要知地上浮散之土为皮，渐掘至坚细之土，即为藏棺之所，其坚细之下，必有刚硬粗浊之土，乃是穴底，即不可再掘，此天定之浅深也。彼伪造之九星尺数何用耶？切不可用，大误世人，至卜穴土，看峡中土是何色，穴中即是何色，此方为不脱本龙气之意也。惟卜阳基，古有辨土之法，掘地方深一尺二寸，将土罗细，复还原坑内，不可按抑，平与地等，来早看之，若气旺则土拱起，气衰则凹，或用斗量土，土平斗口，秤其轻重，验土之厚薄，每众，开口莫不言《天玉经》《青囊经》，但是能呼经之名，不能解诵经中之句，及至背诵，皆《雪心赋》《催官》《入式歌》倒杖喝形等伪书尔，要知《天玉经》《宝照经》，言经盘之处有三分，言挨星有三分，言山龙有三分，言平阳有三分，《青囊奥语》《青囊序》，则有时言挨星，有时言察地，有时言用盘，均台词错杂成言，不肯道明，故无学之人，望洋而畏，无所措手，况此地书，非正派相传之人，不能明道，而饱学之士，遂得以挟伪书伪法，惑世以欺人也。

愿后这学者，将余罗经精一解读熟讲明，再将古本之《天玉经》《青囊奥语》等篇，指透三般大卦，研穷疑掘二经九星之妙，则于认星寻龙裁穴立向消水收山出煞之奥，亦无遗蕴矣。诚能如此，不独不为地学之称，亦不愧为杨曾之后进，更不能贻人灭绝之祸，则己之阴德无亏，其造福宇有涯哉。

辨地师用水害人

　　江湖无学地师，凡到一地方，未挂招牌之前，暗到乡宦世家坟墓，采访其家兴废，并败退死亡男女老少之年月事迹，以备他日看地，指点如神，哄骗于人，或买同道人暗计本头或暗令人偷埋物器，作先见之明，或假绘图形，妄指好地，暗勾地主，分取地价，种种丧心欺人之行，最为大害，余因世人不深悉此弊，特举告白，惟望世人慎选地师，不落无学者之术中，即足敝愿矣。

八方三元气运旺衰定局

坎	统运		巽	统运		兑		统运
艮	逆运	煞	离		生	乾		旺
震		生	坤	运刑	死	坎		生
巽		生	兑	逆运	煞	艮		败
离	刑运	死	乾	逆运	煞	震	运刑	死
坤	逆运	死	坎		败	巽	运刑	死
兑		败	艮	运刑	死	离	逆运	煞
乾		败	震		旺	坤		败
上元甲子六十年			中元甲子六十年			下元甲子六十年		

八山如遇元运生旺者为行气，立宅、安坟得之大吉，已葬龙山，兴废发雷速，更遇山向水星旺之年尤吉，如遇元运衰败者，为失气，立宅安坟大凶，发葬龙山值之，一败如灰，如遇山向水星衰之年，切不可妄用已葬龙山，值之大凶也。

理三元运气说（阳宅用）

元运之机，发于洛书，以花甲一周曰元，洛书飞吊曰运。故干支之配，必三周花甲，两运洛书始齐也。故花甲有上中下之别，洛书有一四七之运，上元甲子，坎卦统远，气旺于北，重初卦为元运之首，逆运至六十而终于五黄，故中元甲子以巽四绿为之统运，逆运六十而只艮八，故下元甲子，以兑七赤为之统运也，然每岁又各有主气，如上元甲子，乃一白坎卦主气，其岁气旺于北，乙丑岁，则九紫离卦主气，其岁气又旺于南矣。然九紫虽旺，奈一白统运，九紫之气不能伸，故不为旺也。又如下元了甲子，乃巽卦统远，其岁气旺于东南，乙丑年，是三碧震卦主气，又旺于东矣，兼与统运同气，故为旺也。

又如下元甲子，乃七赤兑卦统运，其岁气旺于西，乙丑年，则六白乾卦主气，其岁气又旺于西北，亦与统运同气，故为最旺也。举此数卦，余可得类求矣。总之流年主气合于统运者为旺，为统运所生者为生气，生统运者为失气，为统运所克者为死气，克统运者为煞气。明此生克之理，元运之大旨尽矣，何用多言耶？

世人用洛书，惟求紫白为吉，黑绿为煞，殊不知折亦能为煞，绿亦能为吉，总从生克取用为正理。一白水忌坤艮五气，二黑土忌震巽木，三碧木忌乾兑金，四绿木忌乾兑金，五黄中忌震巽木，六白金忌离火，七赤金忌离火，八白土忌震巽木，九紫火忌坎水。

以飞临与坐宫上下论生克而取用，亦无遗蕴矣。

碧绿缝水为龙返首，紫遇碧绿为鸟跌穴，木入金为龙逃走，金入木为虎猖狂，水入土为蛇夭矫，火入水为雀投江，土入木为勾陈爱受困，火入金为荧入白，金入火为白入荧。以此论元运，断阴阳二宅，谅无误矣。

求元运诀歌

年：岁运三元各不同，上元甲子起一宫，中元四绿向三碧，下元七赤转乾宫。

月：子午卯酉岁子月起一白，辰戌丑未岁子月起七赤，寅申巳亥岁子月起四绿，每月逆运顺飞。

日：冬至小寒大寒立春四气为上元，甲子起一白；雨水惊蛰春分清明四气为中元，甲子起四绿；谷雨立夏小满芒种四气为下元，甲子起七赤。俱逆运顺飞，同岁法。夏至小暑大暑立秋四气为上元，甲子起九紫；处暑白露秋分寒露四气为中元，甲子起三碧；霜降立冬小雪大雪四气为下元，甲子起六白。俱逆运逆飞，二至前日时，用超接法。

时：冬至后为阳遁，甲己子午卯酉为符头，为上元，甲子时起一白；甲己辰戌丑未为符头，为中元，甲子时起四绿；甲己寅申巳亥为符头，为下元，甲子时起七赤；俱逆运顺飞。夏至后为阴遁，甲己子午卯酉为符头，为上元，甲子时起九紫；甲己辰戌丑未为符头，为中元，甲子时起三碧；甲己寅申巳亥为符头，为下元，甲子时起六白；俱逆运逆飞。此之逆运，乃合天之逆差也，顺飞，乃合天之顺行也。日时因太阳之升降，故有顺逆之用。

三元九宫分运

上元	一贪狼	坎水白	二巨门	坤土黑	三禄存	震火碧
中元	四文曲	巽木绿	五廉贞	中土黄	六武曲	乾金白
下元	七破军	兑金赤	八左辅	艮土白	九右弼	离火紫

主运流年九星加临吉凶歌

生入煞方斟病疾，煞入生方断死生；
死上煞来动财产，煞临退位损犪牲。
煞临关煞穿心害，生入生方处处兴；
惟有五黄正神煞，八方到处不留情。

以主运得，流年星，加入局八方断，如坎局以坤为生气方，上元甲子二十年，又得七赤生气，加坤为生入生方，余仿此。生见生主进财增产；生见煞主官灾得贵人救；杀见杀主火灾损人，凡事不利；煞见生半吉半凶，上半年吉，下半年凶，损人；退见退主祸害疾患；生见退主损六畜小口，后遇得贵人。统以本方，有山水道路朝拱，及六事动作方断也。

选择说

夫地形理与天时并重，以天时验初年之祸，以地理定日久之兴衰，天时之验速，地理之应缓。故选择之说，纷纭为一，拘忌多端，此家说吉，彼家说凶，欲对诸书，总无同者，要知诸家选择，尽属荒唐，斗首元辰之说，失其主张，奇门演禽已乱，非神不明，至于重干支，论生命，亡命者空去相持，全无干涉，盖因人至已死，则亦无命，入地乃为复命，复命即死者得生，故死而复生，皆赖葬者之所定，以司造化之权也，故前贤之造葬，不依干支八字子平之法，只以天元乌兔经为用，不怕太岁三煞，阴符空亡，退气金神，年克压命之说，一概不用，惟依乌兔经轮取太阳值日值时，而此太阳之值时日，却又合当时之真太阳，临山到向，更依果老五星，查当时之五星，冬夏二至为阴阳，当极二分为平气，平气之时，阴阳可以妆用，当极之时，祸福最专，宜用补泄制化之妙，要恩用当天，仇难入地，其升殿入垣之说，均属讹伪为用，以此选用，逢晦朔亦自无妨，遇日月之薄蚀，七日内断不可用，无发听完时选择一途，竟视为末事，不知尤为紧要。盖用得天星吉气为选胜直达之机，用扶助为获福之柄，焉可忽乎？而时师不知此法，只去推八字，论干支，重贵人禄马，吉神凶煞，任意盲目择定，终无灵应者，鬼神之不享也。今遵师授，特为录出，备地学选择之用，其一得之愚，未始非救世之一补也。

杨公克择秘诀

天元乌兔经

仰观俯察古圣言，堪舆二字义相连。

初年祸福天时验，岁久方知地有权。

诸家通书尽纷纭，拘忌多端误杀人。

此方言吉彼言凶，争执不决将谁从。

惟有斗杓七政诀，禀命天枢造化根。

此是克择大纲纪，不关地术名天相。

有福之家不用谋，无缘之辈真难见。

世人若昧吉凶理，真机罔使仙人现。

杨公克择真堪传，说与时师便可览。

千金秘诀玉函经，点破天中七个星。

江左凡师从未见，会知不得授非人。

罗候修造少人知，紫气木星尤是奇。

遁甲三元休要说，三元八卦总虚为。

飞星吉宿人难会，节有排方逐宫趋。

为相家门宜尽善，会来不要泄天机。

玉函经里说分明，总是玄空挨吉星。

奇遁兵书非用此，飞星吉宿气纯清。

年月已课更求日，更看月首是何晨。

丁丑年建丙午月，月朔戊戌甚分明。

课已即从辰巽起，顺入排山始知情。

壬寅辛亥庚申日，三阳方起土山明。

乙巳甲寅并癸亥，他所调看月初生。

试看虔州瑞星现，山门是吾观手评。

乙酉年中十一月，辛未月朔甚分明。

乙酉十五没凶宿，教君求见太阳星。

乙日兑上起子时，申时正是太阳临。

若作巳时是太阴，避凶趋吉取安宁。

造葬看亡人落圹之年月日时之五星诀法

凡考生命之穷通，须依此按省按节，取太阳出时安命，不可专泥于卯而安命也。至葬时，即亡人入地得命之时，其吉凶系于子孙，虽有遇酉安命之说，仍属笼统，亦必按省按节，取太阳入时安命，方为圆通确切，无偏执之弊，吉凶有准也。若不依太阳出入之时以定命位，则诸宫皆谬，欲求灵验，岂可得哉。

戊己都天煞应避说

戊己为中宫大煞，能变理阴阳，故葬事首重应用，开山立向，修方造作要合，不可冲犯，世人不但不知使用，更有用干支去制之者，是不独不能制，必致冲犯而受凶也。今为立岁乾后，以备应用。

岁干推横	戊都天	己都天	夹煞都天
甲	辰	巳	巽
乙	寅子	卯丑	甲癸

乾庚丁巽甲癸乾庚丁

亥酉未巳卯丑亥酉未

戌申午辰寅子戌申午

丙丁戊己庚辛壬癸

乾坤法窍后总序

　　余之所以著此《乾坤法窍》一书，实因地学之用，皆为江湖术士遵奉伪解伪法，盲师亡用，不光自害而且害人，竟没有人分其正伪，在在皆然。但此地学，要从河图洛书中求出，方有根据，如不从河洛中求出，仍是江湖拐钱之章本，况江湖术士，专假此以求食射利，所以不论是非正伪，只图使人明白也。若辈中间，亦有向河洛卦象中搜求之人，要皆错认其奥妙，非遇明师指受，终不能知此理，遇有批摘其非者，又必矫强粉饰，而反诋毁之。此何以故？是图利之心重也。然余每条分缕晰，逐件明其正伪者，余非沽名之谓，乃大道为公之心也。观是书者，体余此心，即足鄙愿，余岂务名好辨也耶。

乾隆二十三年戊寅促冬长至日

鄱阳范宜宾寅旭氏又识。

中国传统术数总集 第一辑